LANDKREIS
REUTLINGEN

KREISARCHIV REUTLINGEN

DER LANDKREIS REUTLINGEN VON OBEN

Alle Orte damals und heute

KREISARCHIV REUTLINGEN

DER LANDKREIS REUTLINGEN VON OBEN

Alle Orte damals und heute

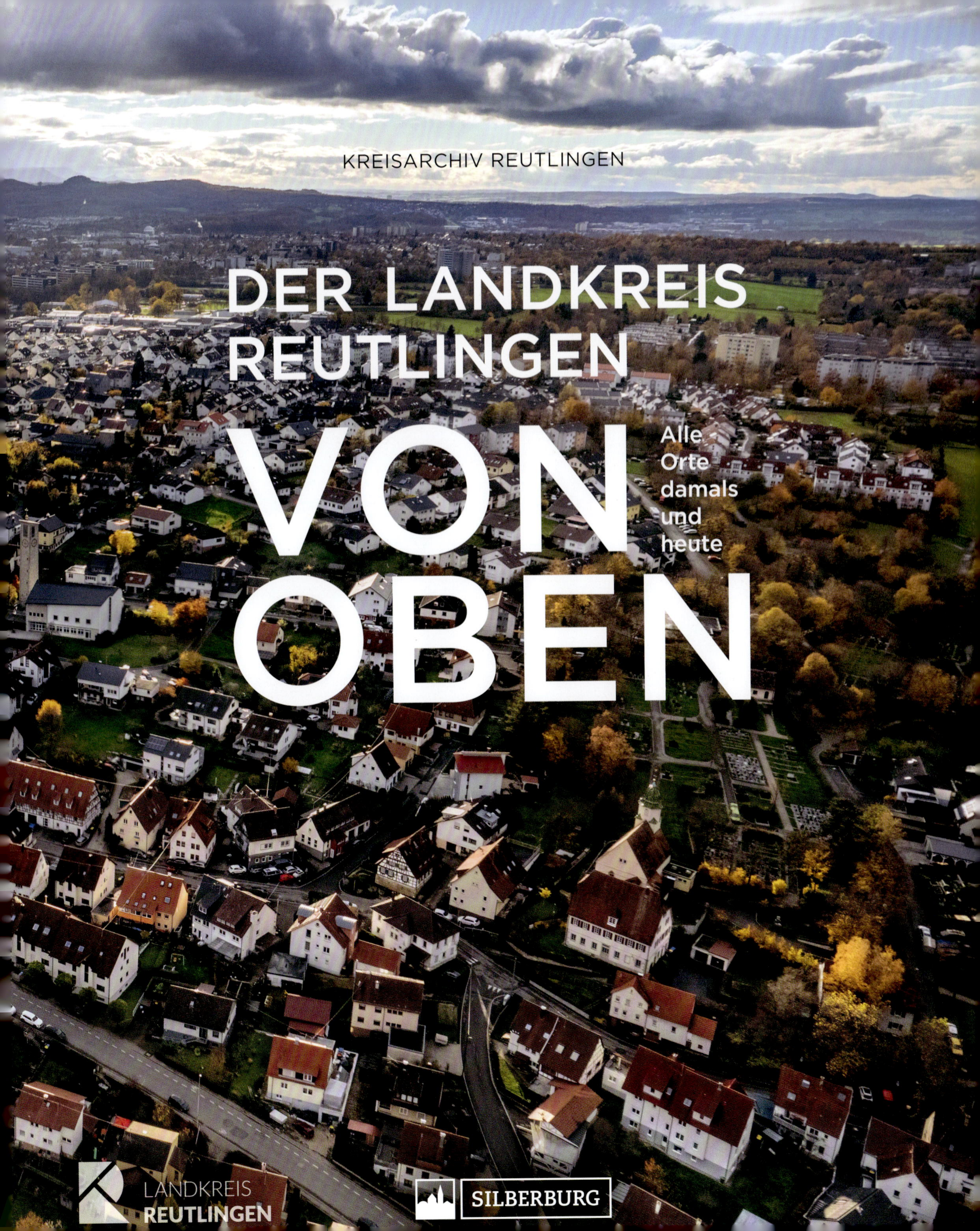

LANDKREIS REUTLINGEN

SILBERBURG

EINFÜHRUNG

Der Landkreis Reutlingen ist etwas ganz Besonderes. Seine wunderschöne Landschaft ist geprägt von der Schwäbischen Alb mit ihren Burgen, Schlössern und Höhlen, mit ihren Wacholderheiden, den schroffen Felsen und dem weithin sichtbaren Albtrauf. Der Kreis liegt mitten im Herzen des Biosphärengebiets Schwäbische Alb, einer UNESCO-Modellregion. Vor allem aber sind es die Menschen, die zur Einzigartigkeit und Liebenswürdigkeit dieses Landkreises beitragen: Menschen mit einer engen Beziehung zu ihrer Heimat, mit vielen Ideen, wirtschaftlichem Mut und einem großartigen, ehrenamtlichen Engagement.

Menschen und Landschaft prägen unsere Städte und Gemeinden. Mit aktuellen Luftaufnahmen unserer Orte eröffnet dieser Band den faszinierenden Blick »von oben«. Der Vergleich mit den historischen Aufnahmen macht immer wieder auf beeindruckende Weise deutlich, wie schnell sich unsere Heimat wandelt. Es würde mich freuen, wenn dieses Buch zu generationenübergreifenden Gesprächen anregt: Wie können sich unsere Kommunen mit Blick auf Klimawandel und einem verantwortungsvollen Umgang mit unseren Ressourcen künftig entwickeln? Wie sollen unsere Ortsbilder in 50 Jahren aussehen?

Anlass für die Herausgabe dieser Publikation ist unser Kreisjubiläum im Jahr 2023, wenn wir auf die Kreisreform vor 50 Jahren zurückblicken. Mein Dank gilt allen Beteiligten, die sich für diesen Band engagiert haben. Danken möchte ich an dieser Stelle auch dem gesamten Team unseres Kreisarchivs, das dieses Werk mit großem Engagement und viel Herzblut möglich gemacht hat. Unser Kreisarchiv Reutlingen bietet den Bürgerinnen und Bürgern übrigens viele innovative Online-Angebote zu historischen und kulturellen Themen an und baut diese laufend weiter aus. Klicken Sie doch einfach mal rein unter **www.kultur-machen.de.** Es lohnt sich. Die Kolleginnen und Kollegen unterstützen Sie außerdem gerne mit persönlichen Beratungsangeboten bei Ihren Fragen und Anliegen.

Jetzt wünsche ich Ihnen eine angenehme Lektüre und viel Freude beim Genießen der zauberhaften Fotografien unserer Orte im Landkreis Reutlingen. Und belassen Sie es nicht nur beim Lesen – besuchen und entdecken Sie unseren schönen Landkreis am besten persönlich!

Dr. Ulrich Fiedler
Landrat

Der Blick in die Geschichte ruft Menschen ins Bewusstsein, welcher Weg bereits zurückgelegt wurde. Er hilft uns die Gegenwart besser zu verstehen und schafft Identität mit unserer Heimat. Publikationen sind daher ein bedeutendes Element von Jubiläen. Auch die Präsentation unseres schönen Landkreises ist für das Team des Kreisarchivs Reutlingen ein wichtiges Anliegen.

Mit neuen Luftaufnahmen aus der Vogelperspektive möchten wir alle Orte im Landkreis Reutlingen für heutige und nachfolgende Generationen dokumentieren. In Kombination mit historischen Ortsansichten und einführenden Ortsporträts wollen wir die Veränderungen in unseren Kommunen von einst zu heute deutlich machen und ein Bewusstsein dafür schaffen. Denn durch die Erfahrungen der Vergangenheit lassen sich zugleich Zukunftsperspektiven entwickeln. Vor kurzem sind bereits die schönsten Bilder unserer Burgen und Schlösser erschienen. Bilder gibt es darüber hinaus natürlich auch in den sozialen Medien. Schauen Sie gerne mal rein. Bei allen Projekten ist es uns eine Herzensangelegenheit die Identifikation der Menschen mit »ihrem« Landkreis Reutlingen zu stärken.

Um viele Menschen zu erreichen, setzen wir auch dieses Mal auf verschiedene Informationskanäle. Neben der klassischen Publikation, die Sie in Händen halten, bieten wir auch digitale Zugänge an. So machen wir über das Portal **www.unsere-orte.de** kontinuierlich Informationen, Bilder, historische Quellen und Archivgut zu den Orten im Landkreis Reutlingen zugänglich. Dieser digitale Zugang ist umso bedeutsamer, da in diesem Buch natürlich nur ein beschränkter Platz für die 105 Ortschaften zur Verfügung steht. Online finden Sie viele weitere Fotos, auch aus anderen Perspektiven und aus anderen Zeiträumen.

Meinen Dank spreche ich all jenen aus, die zum Gelingen dieses Bildbands beigetragen haben. Mein besonderer Dank gilt Horst Guth und Alexander Greiner für die Multikopter-Aufnahmen, Christine Dewald für ihre Unterstützung bei den Ortsporträttexten, Bettina Kimpel vom Silberburg-Verlag für die gute Zusammenarbeit sowie Karin Burger vom Kreisarchiv Reutlingen für die redaktionelle Leitung.

Dr. Marco Birn
Leiter Kreisarchiv Reutlingen

INHALT

MÜNSINGER ALB

ZWIEFALTER ALB UND TROCHTELFINGEN

REUTLINGEN, ECHAZTAL UND UMGEBUNG

WALDDORF

Unerschütterlich steht er seit Jahrhunderten, die Wände fast drei Meter dick, die acht grün glänzenden Wände seines Zeltdachs tief herabgezogen: Walddorfs Kirchturm wurde im 12. oder 13. Jahrhundert vermutlich als Wehrturm gebaut, mit Fensterchen wie Schießscharten und einem hochgelegenen Eingang, der nur über Leitern zu erreichen war – letzter Rest des Herrensitzes eines örtlichen Adelsgeschlechts. Um 1500 hat der schlichte Turm seinen Fachwerkaufsatz bekommen.

Gustav Werner war in der ersten Hälfte des 19. Jahrhunderts einige Jahre lang Vikar der Pfarrgemeinde, und hier entstanden seine ersten Einrichtungen: eine Kleinkinderschule, eine »Rettungsanstalt für unversorgte Kinder«, eine Industrieschule, in der Mädchen verschiedene Handarbeitstechniken erlernten.

Um den Kirchturm herum entwickelte sich über die Jahrhunderte ein selbstbewusster, florierender Ort mit Holz- und Weiderechten im nahen Schönbuch. Gegen den Widerstand aus Tübingen erhielt der Flecken Marktrechte. Zum »Trinitatismärkt« strömten Händler und Kunden schon vor dreihundert Jahren.

Walddorfs Infrastruktur bediente die Nachbarn mit. Seine zentralörtliche Rolle hat stattliche Gebäude hinterlassen. Etwa das frühere Notariat, von einem württembergischen Wildmeister als Forsthaus gebaut, oder das »Schloss« aus dem 16. Jahrhundert. Der historische Gasthof zum Ochsen ist unlängst aufwendig erneuert worden. Und auch die mehr als hundert Jahre alte Dampfmolkerei wurde gerettet. Bis zu drei Zentner Butter für den Tübinger Markt wurden hier täglich produziert.

HÄSLACH

Bis ins 20. Jahrhundert blieb Häslach sehr überschaubar, landwirtschaftlich geprägt, mit Handwerk in bescheidenem Stil. Den Phasen des Bevölkerungswachstums folgten Zeiten der Krise, die das Dorf in seiner Entwicklung weit zurückwarfen. Den Dreißigjährigen Krieg überlebte nicht einmal die Hälfte der Einwohner. Im 18. und 19. Jahrhundert veranlassten Missernten und Not etliche Häslacher zur Auswanderung in das Banat oder nach Amerika.

Eine eigene Kapelle hatte das Dorf spätestens seit 1455, für Taufen und Begräbnisse mussten die Häslacher aber die Pfarrkirchen in Walddorf oder Schlaitdorf aufsuchen. Die heutige Kirche wurde Ende des 20. Jahrhunderts im neuromanischen Stil erbaut, gestaltet vom Stuttgarter Architekten Heinrich Dolmetsch.

Häslachs Rathaus – im Jahr 1787 gebaut – war ein typisches württembergisches Dorfrathaus. Es wurde vielfältig genutzt, war zugleich Ratsstube, Lehrerwohnung und Schulsaal, diente als Ortsarrest und beherbergte das Gemeindearchiv. Später zog die Schule aus, die Verwaltung konnte sich ausdehnen. Heute ist das Häslacher Rathaus im Wortsinn ein Ausstellungsstück: ins Freilichtmuseum Beuren umgesetzt und mit vielen Gegenständen originalgetreu eingerichtet, zeigt es den Zustand einer kleinen Verwaltung von 1963.

Auffällig sind im Ort die verschiedenen Eselskulpturen. Zum 700-jährigen Ortsjubiläum 2010 initiierte der Häslacher Kulturgüterverein in Erinnerung an den Ortsneckamen »Esel« den Kunst-Esel-Pfad.

PLIEZHAUSEN

»Teufelchen« wird sie genannt, die Figur, die in der Westwand der Martinskirche quer liegend eingemauert ist. Was als Hörner gedeutet wurde, sind freilich Federn: Das Relief zeigt den römischen Gott des Handels Merkur mit seinem geflügelten Helm, mit Schlangenstab und Geldbeutel. Die Gemeinde am Neckar war schon zu römischer Zeit begehrtes Siedlungsgebiet. Nicht zufällig ist Pliezhausen Teil der Römerstraße Neckar-Alb-Aare.

Auch die Alemannen, die die Römer in den ersten nachchristlichen Jahrhunderten abgelöst haben, hinterließen in Pliezhausen einen kleinen Schatz, der heute im Stuttgarter Landesmuseum aufbewahrt wird: eine Scheibenfibel aus Goldblech, deren Motiv – ein Reiter in der Schlacht – verblüffend den Bildern aus Fundstätten in Skandinavien und England ähnelt.

Im Dorfmuseum »Ahnenhaus«, einem ehemaligen Bauernhaus von 1570, kann man sehen, wie die Menschen vor 150 Jahren lebten. Verschiedene Werkstätten, Maschinen aus den fünf Strickereien, die es früher in Pliezhausen gab, und der ehemalige Dorfladen aus Dörnach werden gezeigt. Jedes Jahr gibt es eine Sonderausstellung. Der Arbeitskreis Dorfmuseum pflegt ehrenamtlich das Museum und den Garten.

Der früher hier entlang des Neckars gepflegte Weinbau ist Geschichte. Ein anderes Produkt Pliezhausens wurde früher bis in die Schweiz gehandelt, ist aber auch heute noch begehrt, wurde etwa für die Sanierung des Tübinger Rathauses verwendet: der Stubensandstein.

RÜBGARTEN

Als Rittergut hatte der Flecken im Vergleich zu seinen Nachbarn eine Sonderstellung, die jeweilige Ortsherrschaft prägte seine Entwicklung wesentlich mit. Das gilt besonders für Levin von Kniestedt, der Rübgarten im Jahr 1706 als Lehen übernahm. Er ließ in seinem Dorf nicht nur das Schloss errichten, das sich bis heute nahezu unverändert erhalten hat. Gleich in seinem ersten Herrschaftsjahr baute er eine Schule und stellte einen Lehrer ein. Später spendierte er Rübgarten auch noch eine Mühle am Reichenbach, um seinen Bauern weite Wege zu ersparen.

Bis ins 19. Jahrhundert waren die von Kniestedt Ortsherren in Rübgarten. In diese Zeit fällt der Bau der Meierei, die heute als Rathaus dient, aber auch der neuen Kirche, die 1811 ans Schloss angebaut wurde. Noch in seinem Testament hatte der Letzte der Familie das Wohl der Dorfbewohner im Sinn und hinterließ eine Stiftung zugunsten des Schulwesens, von der Rübgarten noch Jahrzehnte später profitierte. Nach Karl von Kniestedt ist im Ort eine Straße benannt.

Seinen ritterschaftlichen Ortsherren hat Rübgarten auch zu verdanken, dass sich in der Kirche eine kunsthistorische Kostbarkeit findet: ein Flügelaltar aus dem Jahr 1512, ein Werk des Ulmer Bildschnitzers Niklaus Weckmann und des Reutlinger Malers Hans Syrer, das weder den Bilderstürmern der Reformation noch den Plünderern diverser Kriege zum Opfer fiel.

Gustav Werner predigte als Vikar von 1834 bis 1840 nicht nur in Walddorf, sondern regelmäßig auch in Rübgarten und Gniebel.

GNIEBEL

Kirche und Rathaus standen in Gniebel lange Zeit Wand an Wand, mitten im Dorf und gerade dort, wo fünf Straßen sternförmig aufeinandertreffen. Im 18. Jahrhundert hatte die Gemeinde ihr Rat- und Schulhaus an die damalige Fridolinskapelle angebaut. Zweihundert Jahre später mussten beide weichen.

Zunächst wurde das Rathaus verlegt, das in die frühere Schule umzog, die Ende des 19. Jahrhunderts an der Walddorfer Straße gebaut worden war. Als dann auch noch ein Sturm das Türmchen der Kapelle in Schieflage drückte, schritt die Kirchengemeinde ebenfalls zur Tat. Einen Kirchen-Neubaufonds gab es seit Jahren, und so wurde 1971 in der Pliezhäuser Straße der Grundstein gelegt. Schon ein Jahr darauf wurde in der neuen Dreieinigkeitskirche der erste Gottesdienst gefeiert.

Mit dem ersten bekannten Dorfbewohner, dem Lehensmann »Konrad, der Gnibeler«, trat das mittelalterliche Dorf ums Jahr 1300 zum ersten Mal ins Licht dokumentierter Geschichte. Knapp zweihundert Jahre später übernahmen die Grafen von Württemberg den Ort, Gniebel blieb bis ins 20. Jahrhundert dem württembergischen Oberamt Tübingen zugehörig. Nach Pliezhausen eingemeindet wurde Gniebel zusammen mit Dörnach im Jahr 1971.

In Gniebels Dorfmitte gruppieren sich einige schöne Fachwerkhäuser aus dem 17. und 18. Jahrhundert um das Backhaus herum. Gelegentlich gibt es frisches Holzofenbrot. Dank des direkten Anschlusses an die B 27 ist Gniebel für Pendler wie für Gewerbebetriebe ein gefragter Standort.

DÖRNACH

Das Dornengestrüpp, von dem der Ort seinen Namen hat, ist wohl erst im Hochmittelalter gerodet worden, um Platz für eine kleine Siedlung zu schaffen: Dörnach ist der kleinste und bis heute dörflichste Ortsteil Pliezhausens. Anfangs bestand der Weiler nur aus vier Höfen, die später wiederholt aufgeteilt wurden. Zu Beginn des 19. Jahrhunderts standen 35 Wohnhäuser im Dorf.

Im 14. und 15. Jahrhundert kauften und tauschten die Grafen von Württemberg nach und nach die Herrschaftsrechte im Dorf zusammen. Von da an gehörte Dörnach zum Oberamt Tübingen und teilte die Geschicke seiner württembergischen Nachbarn.

Eine Kapelle hat es im Ort trotzdem schon früh gegeben. 1559 wird St. Agatha erwähnt: Agatha war eine frühchristliche sizilianische Märtyrerin. Die heutige Kirche wurde in der Zeit um 1800 gebaut. Auch das Backhaus entstand um diese Zeit.

Anfang der 1950er Jahre schlossen sich Dörnacher Frauen zu einer freiwilligen Frauenhilfsfeuerwehr zusammen, einer der ersten überhaupt. Was war der Grund? Während die einsatzfähigen Männer tagsüber nicht im Ort waren – sie waren in benachbarten Städten zur Arbeit – wollten die Frauen sicherstellen, dass im Falle eines Brandes eine größere Katastrophe verhindert werden konnte. Sie lernten mit Wasseranschlüssen, Schläuchen, Pumpen, Spritzen und anderem Gerät umzugehen und trafen sich zu regelmäßigen Übungen.

WANNWEIL

Wannweils Johanneskirche gilt als eine der ältesten Kirchen Württembergs. Aus vorromanischer Zeit stammt der rätselhafte sogenannte Drachenstein, der im Landesmuseum in Stuttgart ausgestellt wird, ein Türsturz aus rotem Sandstein, geschmückt mit vier schlangenartigen Fabelwesen, deren Leiber sich um eine Sonnenuhr ranken. Die Inschrift im Zentrum des Reliefs ist leider nicht mehr zu entziffern. Heute ist an der Kirche eine Kopie angebracht.

Das Spital der Reichsstadt Reutlingen hat Wannweil bereits 1333 erworben. Folgend durchlebte das Dorf mit Reutlingen Krisen und Kriege und auch die Reformation, es wurde 1534 evangelisch. Seit dem 16. Jahrhundert wurden die Wannweiler ebenso besteuert wie die Reutlinger Bürger, eine schwere Bürde für viele.

Gefahr und Gewinn gleichermaßen war für Wannweil stets die Echaz. Einerseits blickt der Ort auf eine Geschichte von Hochwassern zurück. Andererseits siedelten sich am Ufer um 1870 große Textilfabriken an. Sie beschäftigten mehrere hundert Menschen aus Wannweil und Umgebung und brachten finanziellen Wohlstand. Für diese Entwicklung hatte die seit 1861 von Stuttgart über Reutlingen nach Tübingen führende Eisenbahn einen wichtigen Grundstein gelegt.

Bis 1987 war die »Alte Spinnerei« der größte Arbeitgeber im Dorf. Nach beinahe 120 Jahren wurde die Fabrik geschlossen, die Arbeitsplätze gingen verloren. In der Industriebrache haben ab 1990 Kunstschaffende Ateliers eingerichtet. Bis heute werden dort regelmäßig Ausstellungen organisiert.

REUTLINGEN

Hausberg: Das klingt nett und freundlich und etwas nach Anhängsel. Aber bis in die Neuzeit war die Achalm viel öfter Bedrohung, Feindesland oder Wachtposten eines mächtigen Gegners, der in der herrschaftlichen Burg über der Reichsstadt thronte. Erst im Jahr 1950 wurde der Gipfel des Hausbergs mit seinem auf den Burgfundamenten errichteten Aussichtsturm tatsächlich städtisches Eigentum. 2009 erwarb die Stadt Reutlingen die ganze Achalm.

Trotzdem waren Burg und Stadt immer eng verbunden. Dass die beiden Achalm-Grafen ihren Herrenhof in Dettingen verließen und zwischen 1030 und 1050 die Höhenburg bauten, nach der sie sich fortan nannten, prägte auch die darunterliegende Siedlung. Was ursprünglich aus mehreren alemannischen Weilern bestand, wuchs zusammen zur Stadt, von den Staufern mit den dazugehörigen Rechten ausgestattet. Befestigungsanlagen mit Graben, Mauern und Türmen schlossen sich seit dem frühen 13. Jahrhundert zum wehrhaften Ring zusammen. Ein wichtiger Durchlass, das Tübinger Tor, steht noch heute. Und auch wenn von der alten Wehrmauer nur noch Reste erhalten sind: Ihr Verlauf ist dem Stadtbild nach wie vor anzusehen.

Die erste Bewährungsprobe für die Reutlinger Mauern kam bereits 1247, als ein Heer des (damals bereits verstorbenen) Gegenkönigs Heinrich Raspe die stauferfreundliche Stadt belagerte. Aus dieser Zeit stammt eine der schönsten Erzählungen der Reutlinger Stadtgeschichte, Gründungsmythos für die gotische Marienkirche und Symbol für das Selbstbewusstsein einer aufstrebenden Reichsstadt. Die Belagerer sollen, durch die Gegenwehr aus der Stadt in die Flucht geschlagen, ihren Rammbock zurückgelassen haben, einen gewaltigen Stamm

mit eiserner Spitze. Die Reutlinger schafften die Trophäe in die Stadt und nahmen sie als Maß für das Längsschiff der Marienkirche, die sie zum Dank für ihren Sieg erbauen ließen. In der Kirche hatte das kriegerische Beutestück einen Ehrenplatz, bis es im 16. Jahrhundert ans Rathaus umzog.

Um den sperrigen Balken aus der Kirche zu bekommen, soll ein Loch in die Chorwand geschlagen worden sein. Zumindest dieser Teil der Geschichte ist nachprüfbar: In der Chorwand findet sich tatsächlich ein später zugemauertes Loch. Zusammen mit dem Rathaus – so die Reutlinger Erzählung weiter – ist der Rammbock beim großen Stadtbrand 1726 zu Asche geworden. Der Künstler HAP Grieshaber hat die Episode künstlerisch verarbeitet und für seinen »Sturmbock« Szenen aus der Stadtgeschichte in einen zwölf Meter langen Holzstamm geschnitten.

Kämpfe hatten die Reutlinger häufig zu bestehen. Meistens ging es gegen die großen ewigen Rivalen, die Herren von Württemberg. So zum Beispiel 1377 in der Schlacht bei Reutlingen, als Graf Ulrich mit seinen auf der Achalm stationierten Gefolgsleuten einer auf Beutezug befindlichen

Bürgertruppe den Rückweg aus dem Ermstal abzuschneiden versuchte. Die Reutlinger siegten blutig. 1519 eroberte Herzog Ulrich die Stadt, um den Tod seines Achalm-Vogtes zu rächen, der von zwei Reutlingern erstochen worden war. Doch die Reichsstände des Schwäbischen Bundes eilten zu Hilfe, der Herzog musste fliehen.

Jahrhundertelang war die freie Reichsstadt Reutlingen eine Insel in württembergischem Gebiet, ein autonomes kleines Reich mit eigener Verfassung und einer in Zünften einflussreich organisierten Handwerkerschaft, mit Zollstationen und eigener Gerichtsbarkeit. Eine Besonderheit dabei war das Reutlinger Asyl: Wer ohne Vorsatz einen Menschen erschlagen hatte, konnte hier Zuflucht finden. Aber nicht nur an Wohlstand, auch an Fläche wuchs die Stadt, die sich im 14. und 15. Jahrhundert Nachbardörfer wie Wannweil, Ohmenhausen, Betzingen und Gomaringen einverleibte. Anfang des 19. Jahrhunderts endete die weitgehende Selbstständigkeit: Reutlingen wurde Teil des angehenden Königreichs Württemberg.

Seit 1343 wacht der goldene Engel auf der Turmspitze der Marienkirche über die Stadt. Die Häuser und Straßen zu seinen Füßen haben sich sehr verändert, manchmal kaum merklich über lange Zeit, manchmal dramatisch innerhalb weniger Stunden. So im Jahr 1726, als ein verheerendes Feuer rund achtzig Prozent der Reutlinger Gebäude vernichtete – lediglich der südwestliche Teil der Stadt blieb verschont. Dort stehen deshalb einige der ältesten erhaltenen Häuser Reutlingens: der frühere Pfleghof des Klosters Königsbronn, in dem heute das Heimatmuseum untergebracht ist, das als Kunstmuseum genutzte Spendhaus, das Gebäude des Friedrich-List-Gymnasiums, benannt nach dem Reutlinger Nationalökonom und Eisenbahnpionier. Die Marien-

kirche, seit der vom »schwäbischen Luther« Matthäus Alber unterstützten Reformation evangelische Pfarrkirche der Stadt, wurde ebenfalls stark in Mitleidenschaft gezogen. Nur die Südsakristei mit ihren mittelalterlichen Wandmalereien blieb verschont. Ihr heutiges Gesicht verdankt die Marienkirche einer Renovierung um die Wende zum 20. Jahrhundert. Der renommierte Architekt Heinrich Dolmetsch hat hier sein Idealbild eines gotischen Baus verwirklicht.

»Es gibt wenig Orte im Königreiche, wo eine solche Gewerbsthätigkeit herrscht, wie in Reutlingen; zwar findet man wenig oder gar keine Fabriken, aber ganz Reutlingen ist eine Fabrik.« So wird 1824 die noch junge Oberamtsstadt beschrieben. Hunderte Gerber, Buchdrucker und Spitzenwirkerinnen produzierten die typischen Reutlinger Waren, die unter anderem mithilfe der Eninger Hausierer unter das Volk gebracht wurden. Die Industrialisierung und der Eisenbahnanschluss 1859 brachten die »Fabrik Reutlingen« vollends auf Touren. Hier wurden Erfolgsgeschichten geschrieben wie die des Textilunternehmens Gminder, das von der handwerklichen Färberei zum mehrere Fabriken umfassenden Großbetrieb mit 2700 Arbeiterinnen und Arbeitern wurde. Viele von ihnen lebten im von Theodor Fischer gestalteten Gmindersdorf, einer Arbeitersiedlung, gebaut von den Fabrikbesitzern.

Soziales Engagement und Unternehmertum vereinigte auch der Theologe und Sozialreformer Gustav Werner, der an der Echaz zunächst eine Papierfabrik und später die Maschinenfabrik zum Bruderhaus errichten ließ, um benachteiligten Menschen Gemeinschaft

und Arbeit zu bieten. Wohl kein Teil Reutlingens hat sich so grundlegend verändert wie das frühere Bruderhaus-Gelände. Nur der Backsteinbau des »Krankenhäusle« ist aus Gustav Werners Zeit geblieben. Heute dehnt sich hier der Bürgerpark mit der Stadthalle aus. Aber nicht nur christlich-soziales Gedankengut gedieh. Mit dem aus Hohenheim zugezogenen Gärtner Eduard Lucas und seinem Pomologischen Institut wurde die Stadt in der zweiten Hälfte des 19. Jahrhunderts zum Mekka des modernen Obstbaus.

Ungefähr ein Viertel der Stadt lag nach den Bombenangriffen des Zweiten Weltkriegs in Trümmern. Und auch die Wirtschaftswunderjahre haben Reutlingen manch alte Bausubstanz gekostet. In damals moderner Beton-Bauweise entstand in den 1960ern der Gebäudekomplex des Rathauses. In den 1970er Jahren verschwand nahezu spurlos das frühere Gerberviertel mit seinen sich am Echazufer drängenden Häusern und Werkstätten, liebevoll »Klein Venedig« genannt. Wo früher die Stadtmauer verlief, säumen heute Straßen die Altstadt.

REUTLINGEN

ALTENBURG

Von der alten Burg, die dem Dorf seinen Namen gab und bereits im Jahr 914 erwähnt wurde, sind kaum Spuren erhalten. Bei Feld- und Bauarbeiten wurden die Fundamente einer größeren Anlage gefunden, darunter die Grundrisse massiver Türme. Mauerreste stecken noch in einer Wand der Nikolauskirche. Wahrscheinlich handelt es sich um einen früheren fränkischen Königshof, also einen Stützpunkt mit angeschlossenem landwirtschaftlichem Gut. Der König hatte damals keine feste Residenz und bezog auf seinen Reisen Quartier auf seinen Höfen.

Im 11. Jahrhundert gehörte Altenburg den beiden Achalm-Grafen Kuno und Liutold. Sie planten hier ein Benediktinerkloster, entschieden sich dann aber für einen anderen Standort – für Zwiefalten. Ihren Besitz am Neckar stifteten sie 1089 dem jungen Kloster, das hier noch bis ins 18. Jahrhundert Rechte innehatte. Im 15. Jahrhundert wurden die Herrschaftsrechte an Graf Ludwig von Württemberg verkauft, seitdem – bis 1938 – gehörte Altenburg zum Oberamt Tübingen. 1972 erfolgte die Eingemeindung in die Stadt Reutlingen.

Das südliche Neckarufer war schon ganz früh besiedelt worden. In Richtung des heutigen Industriegebiets Mahden fanden sich Reste einer römischen Villa rustica. Schon zur Römerzeit profitierte der Ort von seiner verkehrsgünstigen Lage am Fluss und an der Römerstraße von Köngen nach Rottweil. Heute führt der Neckarradweg hier vorbei, der im Schwenniger Moos beginnt und in Mannheim endet.

OFERDINGEN

Der Ort ist wie gemacht für eine Burg: ein Bergsporn über dem Neckar, nach Norden durch den Fluss, nach Osten durch ein Tal geschützt. Reste einer Burganlage werden in den Mauern des Kirchturms und des Pfarrhauses vermutet. 914 wurde »Onfridinga« als fränkischer Königshof zum ersten Mal erwähnt, wohl der Wirtschaftshof zur Burg im benachbarten Altenburg.

1342 kam die Ortschaft mit der Pfalzgrafschaft Tübingen an Württemberg. Im Dreißigjährigen Krieg stand der Ort zweimal in Flammen, 1638 und 1643. Dabei brannte auch die Kirche nieder. 1655 wurde in der neuen Clemenskirche wieder Gottesdienst gefeiert.

1738 wurde Oferdingen Sitz des Tübinger Unteramts und das Rathaus wurde erbaut. 1822 wurde die württembergische Verwaltung neu geordnet. Die Verwaltungsreform von 1938 schlug Oferdingen dem Kreis Reutlingen zu.

Die Lage am Neckar und der Neckarübergang haben die Entwicklung des Ortes mitgeprägt. Schon um 1310 baute man eine Bücke für den Holztransport aus dem Schönbuch. Brückenmaut brachte der Gemeinde Einkünfte. Sehr beliebt war das Strandbad Oferdingen Anfang des 20. Jahrhunderts. In den letzten Tagen des Zweiten Weltkriegs wurde die Neckarbrücke gesprengt, erst 1975 wurde ein Provisorium durch eine neue Brücke ersetzt. Die 1840 erbaute Oferdinger Mühle ist heute noch in Betrieb.

Von 1928 bis 1970 waren Reutlingen, Eningen und Pfullingen durch die Reutlinger Straßenbahn mit Oferdingen verbunden. Diese brachte die Dorfbewohner zu ihren Arbeitsplätzen und die Städter ans Neckarufer. Der Stadt Reutlingen hat sich Oferdingen im Zuge der Gemeindereform 1971 freiwillig angeschlossen. Die Einwohnerzahlen haben sich seither mehr als verdoppelt. Zahlreiche Bauprojekte und Vorhaben wurden verwirklicht. Die Kulturscheune, ein Bürgerhaus mitten am Dorfplatz, wurde 2017 als Gemeinschaftsprojekt realisiert.

MITTELSTADT

Kirche, Gasthaus, Mühle: Das sind Mittelstadts beeindruckende Gebäude an der Neckarfront, heute wie vor ein paar hundert Jahren.

Die Anfänge der Martinskirche auf ihrem Bergsporn über dem Fluss liegen im Dunkeln, sie dürften weit zurückreichen. Der heutige Saalbau im Jugendstil entstand 1912 nach Plänen des renommierten Stuttgarter Architekten Martin Elsässer.

Die Mühle am Neckar – schon im 13. Jahrhundert bezeugt – gehörte wie viele Höfe und Grundstücke in Mittelstadt jahrhundertelang den Klarissen in Pfullingen, später wurde sie vom Haus Württemberg übernommen und schließlich an ein Mitglied der örtlichen Bäckerfamilie Röhm verkauft. Deren Nachfahren machten aus der Mühle einen modernen Gewerbebetrieb: ein mehrfach vergrößertes Elektrizitätswerk, das schon Anfang des 20. Jahrhunderts die Umlandgemeinden mit Strom versorgte.

Reutlingens nördlichster Stadtteil ist uraltes Siedlungsgebiet, wie umfangreiche Funde oder die Hügelgräber aus der Hallstattzeit zeigen. Schon die Römer bauten dort mit Stubensandstein. In mehreren Steinbrüchen fanden viele Mittelstädter Arbeit. Der Sandstein ist ein Stein für die Kunst: In Gestalt einer Säule am Eingang zur Sakristei der Martinskirche hat der örtliche Steinmetz Hans Hering um 1615 ein schönes Beispiel hinterlassen.

Gänse spielen in Mittelstadt eine große Rolle: Man findet sie als Statuen auf der Neckarbrücke und am Gansbrunnen und den Gansfuß im Wappen. Nicht zuletzt haben die Mittelstädter den Necknamen »Gänsfüß«.

REICHENECK

Eine Besonderheit, die Historiker immer noch rätseln lässt: Jahrhundertelang und bis zur Gründung des Königreichs Württemberg war das Dorf Reicheneck von Steuerzahlungen befreit. Der Sage nach war dies ein Geschenk des Herzogs Ulrich, um seine Dankbarkeit zu zeigen. Er soll nach seinem vereitelten Überfall auf Reutlingen im Jahr 1519 auf der Flucht in Reicheneck als Bauernknecht untergetaucht sein. Reicheneck hat seine Turn- und Festhalle nach dem Herzog benannt.

Reicheneck war immer überschaubar. Ursprünglich standen hier eine Burg und vier Höfe. Bis 1509 erwarb das Klarissenkloster Pfullingen nach und nach Land und Höfe und somit die Grundherrschaft des ganzen Weilers. Aber diese war von kurzer Dauer. Nach der Reformation übernahm Württemberg die Klostergüter. Damals gab es auch noch Weingärten. Heute steht die Kelter nicht mehr, ebensowenig wie die Zehntscheuer, in der einst die Naturalabgaben der Reichenecker Bauern gesammelt wurden. Auch an Reichenecks Burg erinnert heute nur noch ein Straßenname: Am Burggraben. Nur eine Spur der einstigen klösterlichen Grundherrschaft lässt sich noch finden: Dort, wo früher der Seebach als Fischteich aufgestaut war, befindet sich heute eine Erdaufschüttung.

Die Eingemeindung nach Reutlingen wurde von mehr als neunzig Prozent der Einwohner befürwortet. Damit änderte sich allmählich der Ortscharakter. Neubürger wurden freundlich aufgenommen. In den darauffolgenden Jahrzehnten hat sich die Einwohnerzahl mehr als verdoppelt. Viele Vereine wurden neu gegründet.

SICKENHAUSEN

So überschaubar Sickenhausen ist – im Mittelalter zerfiel es wie viele seiner Nachbardörfer in ein kompliziertes Mosaik aus Besitz- und Herrschaftsrechten. Den Achalmgrafen gehörten Teile des Weilers, später den Klöstern Zwiefalten, Marchtal und Allerheiligen, dem Reutlinger Spital und der reichsstädtischen Armenpflege. Auch reiche Reutlinger kauften, verkauften oder stifteten Besitztümer in Sickenhausen. Etwas Einheitlichkeit gab es erst im 15. Jahrhundert mit dem Verkauf an die Grafen von Württemberg. Der Ort war bis 1938 dem Oberamt Tübingen zugeordnet.

Früher wurden Dinkel, Gerste, Hopfen, Flachs und Hanf angebaut. Der Sickenhäuser Flachs, Grundstoff für die Leine(n)weberei, hatte hohe Qualität. In dem imposanten Fachwerk-Rathaus aus dem Jahr 1839 mit seinem Glockenturm war früher auch die Schule untergebracht. Im Zweiten Weltkrieg wurde die Glocke eingeschmolzen. Erst fünfzig Jahre später wurde sie ersetzt.

1976 wurde Sickenhausens alte Kirche abgerissen. Die neue Pauluskirche steht direkt neben dem Gemeindesaal.

Seit mehreren Jahren bemüht sich der Förderverein Ortskern Sickenhausen um die alte Feuerwache in der Dorfmitte. Aus dem Gebäude soll die »Kulturwache Sickenhausen« entstehen. Mehrere Vereine engagieren sich dafür, darunter der TSV, die Narrenzunft, der Obst- und Gartenbauverein und der Verein Tanzstern. Das Gebäude wurde von der Stadt Reutlingen angemietet, der Umbau hat in Eigenarbeit begonnen. Die Finanzierung ist aber immer noch ein Problem.

DEGERSCHLACHT

Eine fast vier Meter große Eule aus Holz steht in der Ortsmitte von Degerschlacht. Die Einwohner von Degerschlacht werden auch als Eulen bezeichnet – vielleicht, weil die Kleinbauern im 19. Jahrhundert tagsüber in Reutlingen zur Arbeit gingen und nachts daheim ihre Felder bestellten. Die Degerschlachter tragen ihren Spitznamen auf jeden Fall mit Stolz – schließlich gelten Eulen als Tiere der Weisheit.

Trotz der Nähe zu Reutlingen hat Degerschlacht bis ins Jahr 1938 zum Oberamt Tübingen gehört – Auswirkungen eines Vertrags fünfhundert Jahre früher, als ein vermögender Reutlinger Bürger die Ortsherrschaft im Dorf und in den Nachbargemeinden an das Haus Württemberg verkaufte. Zwischen Degerschlacht, Sickenhausen und Rommelsbach auf der einen und Wannweil und Reutlingen auf der anderen Seite verlief die Grenze zwischen reichsstädtischem und landesherrlichem Gebiet.

Zum Kirchenbesuch mussten die Dorfbewohner bis ins späte 17. Jahrhundert nach Reutlingen gehen, also ins benachbarte Ausland. Geheiratet wurde bis in die 1930er Jahre übrigens in Schwarz. Das Hochzeitskleid wurde dann jeden Sonntag beim Kirchgang getragen. Im 19. und auch noch zu Beginn des 20. Jahrhunderts wanderten viele Einwohner nach Amerika oder nach Bessarabien aus, um Hunger, Armut und politischen Auseinandersetzungen zu entfliehen.

Die Eingemeindung in die Stadt Reutlingen 1972 erleichtete den Bau einer Turn- und Festhalle, die Sicherstellung der Wasserversorgung und die Erschließung von Baugebieten.

ROMMELSBACH

Bis zuletzt gab es Widerstand gegen die Gemeindereform. Die Nachbardörfer hatten sich bereits freiwillig der benachbarten Großstadt angeschlossen, nur Rommelsbach lag noch wie eine Insel im nördlichen Reutlinger Gebiet. Widerstand war zwecklos, das machte das Land Baden-Württemberg unmissverständlich klar: Spätestens zum Jahreswechsel 1975 würde die Verwaltungsreform auch für Rommelsbach die Eingemeindung bringen. Wohl oder übel traten die Rommelsbacher also schnell noch freiwillig bei, um wenigstens die staatlichen Sonderzahlungen mitzunehmen.

Auch in früheren Jahrhunderten kämpften die Rommelsbacher um Unabhängigkeit: Damals ging es um kirchliche Rechte, gegen die traditionelle Vorrangstellung des benachbarten Oferdingen. Schon um 1400 legten die örtlichen Bauern zusammen, um eine eigene Kapelle zu bauen. 1681 hatten sie ihr Ziel erreicht: einen eigenen Pfarrer. Der Neubau der Kirche 1829/30 war für die Gemeinde ein finanzieller Kraftakt: Am neuen, zentraleren Standort entstand eine geräumige Kirche im neoklassizistischen Stil.

Eine Weberei, ein Zweigbetrieb der Textilfirma Gminder, entstand 1924 im Nordosten Rommelsbachs. Nach vierzig Jahren wurde das gesamte Unternehmen an die Firma Robert Bosch verkauft. Das Ortswappen zeugt noch heute von der einstigen Bedeutung der Weber und der Textilverarbeitung. Die beiden Äpfel in der oberen Hälfte spielen auf den Obstbau an, das Weberschiffchen in der unteren Hälfte wurde auf Antrag der Gemeinde hinzugefügt.

SONDELFINGEN

Wo Sondelfingen aufhört und Reutlingen anfängt, ist aus der Luft kaum mehr zu erkennen. Bereits 1939 wurde das Dorf in die aufstrebende Stadt eingemeindet. Dass auf den dörflichen Charakter und die landwirtschaftlichen Strukturen Rücksicht zu nehmen sei, ließ Sondelfingen im Eingemeindungsvertrag festschreiben.

Früher wurde Sondelfingen humorig auch als »Seestadt« bezeichnet. Nördlich von Sondelfingen trat der Reichenbach häufig über die Ufer und überschwemmte das umliegende Land. Auch in der Dorfmitte sorgte das Wasser für Probleme: Immer wieder musste Geld für Schutz und Reinigung ausgegeben werden. Erst das Regenrückhaltebecken von 2010 und der Mischwasserkanal von 2013 konnten die Lage nachhaltig verbessern. Das große Holzschiff auf dem Spielplatz in der Rebengartenstraße erinnert an die Vergangenheit der Stadt als »Seestadt«.

Die Stephanuskirche wurde bereits 1275 schriftlich erwähnt. Ein Glück, dass sie erhalten geblieben ist: Nach dem Neubau der Sondelfinger Johanneskirche 1960 war das zu klein gewordene Kirchlein am Friedhof sich selbst überlassen. Erst die Renovierung in den 1980er Jahren legte gotische Wandmalereien aus der Zeit um 1500 und eine reiche malerische Ausschmückung aus dem 17. Jahrhundert frei. Aufgrund der kunsthistorischen Bedeutung kaufte die Stadt die Kirche und sanierte sie. Seit 2000 werden hier standesamtliche Trauungen durchgeführt. Jährlich geben sich im prächtigen Innenraum der Kirche bis zu hundert Paare das Ja-Wort.

BETZINGEN

Es muss ein denkwürdiges Fest gewesen sein: mit Reden, einem Festzug, Girlanden am Rathaus. So feierten die Betzinger am 1. April 1907 ihre Eingemeindung nach Reutlingen. Kein anderer Stadtteil hat sich so früh und so gründlich für den gemeinsamen Weg entschieden. Betzingen brachte in die neue Verbindung nicht nur gut dreitausend Einwohner ein, sondern auch einiges an Wirtschaftskraft. Die Textilfabriken entlang der Echaz beschäftigten bereits um die Jahrhundertwende mehrere hundert Frauen und Männer; bei den Gewerbesteuereinnahmen lag Betzingen im Oberamt auf Rang sechs. Von 1911 an verband eine Straßenbahn Stadt und Stadtteil.

In den vorausgegangenen Jahrhunderten hatten Reutlinger Bürger und Reutlinger Stiftungen, die Besitz im Flecken hatten, die Geschicke Betzingens immer mitbestimmt. Schon 1480 musste der Reutlinger Rat zustimmen, wenn jemand ins Dorf zuziehen wollte.

Einen kleinen dörflichen Kern hat sich der Ort bewahrt. Hier stehen die Mauritiuskirche, deren Turm auf den Anfang des 11. Jahrhunderts zurückgeht, und die renovierte Zehntscheuer. Das Heimatmuseum »Im Dorf« ist in einem typischen Betzinger Bauernhaus untergebracht. Es hat einen »Trippel«: eine steile Außentreppe. Eines der Zimmer dort ist der Betzinger Tracht gewidmet. Im späten 19. und frühen 20. Jahrhundert, als die bäuerliche Lebensweise längst auf dem Rückzug war, kam sie noch einmal in Mode. Zahlreiche Künstler strömten ins Dorf, die das angeblich authentische Landleben für ihr Publikum in den Städten auf die Leinwand bannten.

OHMENHAUSEN

Die »Hutzel«, eine gedörrte Birne, im Wappen von Ohmenhausen dokumentiert, dass der Handel mit Dörrobst hier eine sehr lange Tradition hat. Eine Brennerei im Ort stellt noch heute Kirschengeist, Zwetschgenschnaps und Obstler her. 1902 wurde die Eisenbahnlinie Reutlingen-Gönningen mit einer Haltestelle in Ohmenhausen eröffnet.

Die Industrialisierung war für viele Familien Rettung in der Not: Landknappheit, Klein- und Kleinst-Höfe als Folge der Realteilung, Missernten und Hagelunglücke hatten viele in die Armut gestürzt.

Morgens in aller Frühe zogen die Arbeiter nun aus Ohmenhausen in die Fabriken an der Echaz, am Abend wanderten sie zurück. Kinder oder Frauen nahmen mitten am Tag den gleichen Weg mit den Essenskörben für ihre Väter oder Männer. Die Ende des 19. Jahrhunderts neu erbaute Martinskirche spiegelt den Wandel wider: In ihrer neoromanischen Tuffsteinpracht steht sie viel mehr für die aufstrebende Arbeiterwohngemeinde als für das bescheidene Bauerndorf.

Der nordöstliche Ausläufer von Ohmenhausen berührt heute den Rand des Betzinger Industriegebiets. Schon früher hat Ohmenhausen zur Nachbarstadt gehört: Seit dem 14. Jahrhundert war Reutlingen Ortsherr und wichtigster Grundbesitzer, erst Anfang des 19. Jahrhunderts wurde das Dorf in die Selbstständigkeit als württembergische Landgemeinde entlassen. Knapp 150 Jahre später, 1949, schloss sich Ohmenhausen nach einer Bürgerbefragung freiwillig dem großen Nachbarn an.

BRONNWEILER

Ob die Marienkirche in Bronnweiler im Mittelalter ein Wallfahrtsziel war, ist umstritten. Ihre künstlerische Ausstattung war auf jeden Fall beeindruckend. Eine Kreuzigungsgruppe und Figuren der Heimsuchung Mariens werden heute im Württembergischen Landesmuseum aufbewahrt, deren namentlich nicht bekannter Schöpfer als »Meister von Bronnweiler« bezeichnet wird. Die Wände des Kirchenschiffs sind mit romanischen und gotischen Wandmalereien verziert. Der gotische Chor, der im frühen 15. Jahrhundert gebaut wurde, überragt das schlichte romanische Kirchenschiff bei weitem. Noch höher hinauf strebt allerdings der benachbarte Mammutbaum, der 1864 als Schössling aus der Stuttgarter Wilhelma nach Bronnweiler kam und an der Kirchenmauer gepflanzt wurde. Im Jubiläumsjahr 2015 wurden LED-Lichterketten darin angebracht, die seitdem im Baum bleiben und ihn in der Advents- und Weihnachtszeit hell erstrahlen lassen – als Deutschlands größten lebenden Weihnachtsbaum. Ein weiteres beliebtes Fotomotiv ist die stattliche Friedenslinde, die 1871 gepflanzt wurde.

Der Name Bronnweiler stammt wahrscheinlich von einer Quelle, ihr Wasser floss in die Wiesaz und verstärkte sie.

Der Ort hat eine lange historische Bindung zu Reutlingen. 1437 kaufte die Reichsstadt Kirche und Siedlung Bronnweiler mit Alteburg und Hugenberg, ihre Neuerwerbung ließ sie durch einen eigenen Schultheißen verwalten. Erst Anfang des 19. Jahrhunderts wurde das Dorf zur selbstständigen Gemeinde – bis 1971.

GÖNNINGEN

Württembergs Graf Eberhard der Erlauchte kaufte im Jahr 1300 die aus zwei Festungen bestehende Stöffelburg hoch über dem Wiesaztal mit ihrem dazugehörigen Ort Ginningen. Eine Stadt war das spätere Gönningen damals, mit entsprechenden Rechten versehen von den Herren von Stöffeln, einem der führenden Adelsgeschlechter in der Region. Ihre und Gönningens frühe Blütezeit endete noch im 14. Jahrhundert.

Vielleicht hat etwas vom Selbstbewusstsein der mittelalterlichen Stadtbewohner überdauert. Als die Landwirtschaft allein zur Existenzsicherung nicht mehr ausreichte, wussten sich die Gönninger zu helfen. Immer mehr Familien betrieben einen Handel mit Samen und Blumenzwiebeln. Die mit Ware vollgepackten Zwerchsäcke über der Schulter, gingen Mitte des 19. Jahrhunderts rund 900 Männer und 300 Frauen jedes Jahr monatelang auf Wanderschaft. Die Erfolgreichsten gründeten Niederlassungen in vielen Städten und Ländern, sogar in St. Petersburg und New York. Mit dem Siegeszug der Eisenbahn – Gönningen wurde 1902 ans Schienennetz angeschlossen – begann der Niedergang des Samenhandels.

Das Selbstbewusstsein und der Wohlstand der weitgereisten Gönninger bescherte ihrem Heimatort im 19. Jahrhundert repräsentative Bauten, vorwiegend aus heimischem Tuffstein gestaltet: die Kirche St. Peter und Paul in neugotischem Stil, das stattliche Schulhaus von 1867, das 1909 entstandene Jugendstil-Rathaus und der zuerst in Holz, 1913 in Stein erbaute Roßbergturm.

ENINGEN UNTER ACHALM

Sie waren wochen-, oft monatelang auf den Straßen unterwegs, auf dem Rücken die »Krätze« – ihre Krämerkiste, vollgepackt mit Borten, Spitzen, Kurzwaren, mit Druckerzeugnissen von der Bibel bis zum Groschenroman, mit den populären »Reutlinger Kalendern«. Zur Blütezeit des Landhandels in der ersten Hälfte des 19. Jahrhunderts lebte der größte Teil der Eninger Bevölkerung davon, Ware unter anderem aus Reutlinger Produktion unters weit verstreute Volk zu bringen.

Reich wurde davon kaum einer. Nicht viele Eninger Händler waren wohlhabend genug, dass sie sich Fuhrwerke leisten konnten, um Ware bis nach Bayern oder in die Pfalz, in die Schweiz oder nach Lothringen zu transportieren. Die meisten waren mit einer schweren Last auf dem Rücken zu Fuß unterwegs. Einige wenige gründeten erfolgreiche Handelsgesellschaften. Ende Juli und Ende Dezember waren alle zu Hause. Zweimal im Jahr wurden die Eninger Kongresse abgehalten, große Warenmessen, während denen das Dorf aus allen Nähten platzte. Dutzende von Gastwirtschaften machten das Geschäft des Jahres, und Eningen war für ein paar Tage der Nabel der Handelswelt. 1831 rühmte die Oberamtsbeschreibung den Ort an der Achalm als das schönste, größte und volkreichste Dorf im Königreich. Eningen hatte zu dieser Zeit rund 5000 Einwohner – mehr als die Oberamtsstadt Urach, mehr als das benachbarte Pfullingen.

Gewachsen war das große Dorf im Einflussbereich der Grafen von Achalm beziehungsweise von Urach, deren Dienstleute als Ortsadel in Eningen residierten, vermutlich in einer Burg, deren Standort im Bezirk zwischen

Hirschgasse, Burg- und Bachstraße zu suchen ist. Die Achalm geriet im 14. Jahrhundert dauerhaft in die Verfügungsgewalt der Grafen von Württemberg, Eningen, zwischen Burgberg und Albtrauf gelegen, ebenfalls. Einkünfte der Eninger Kirche benutzte Eberhard im Bart, um seine neu gegründete Universität Tübingen auszustatten.

Durch die Industrialisierung wurde der Hausierhandel mehr und mehr zurückgedrängt. Der Bau der ersten Eisenbahnstrecken verlagerte den Warenstrom auf die Schiene. Die »Krätze« hatte ausgedient. Viele Hausierer wurden Fabrikarbeiter.

Um einen Anschluss ans Schienennetz haben die Eninger lange gerungen. Reutlingen bekam 1859 seinen Bahnhof, Eningen zunächst lediglich eine Haltestelle an der Echaztalstrecke, zweieinhalb Kilometer vom Dorf entfernt. Ein Eninger Eisenbahnkomitee trieb mithilfe eines Investors den Bau einer Lokalbahn in die Reutlinger Innenstadt voran: Am 1. November 1899 schnaufte der erste Schmalspur-Dampfzug zwischen den beiden Nachbarorten hin und her. Die nach den darauf transportierten Reisigbündeln »Büschelesbähnle« genannte Lokalbahn war allerdings kein uneingeschränkter Erfolg: Die Fahrkarten waren für viele der Eninger Fabrikarbeiter zu teuer, und die Reutlinger Anwohner fühlten sich vom Lärm gestört. Erst mit der Übernahme des Bähnles durch die Württembergische Eisenbahn-Gesellschaft, der Elektrifizierung und mit dem Ausbau zur Straßenbahn bekam Eningen sein Massenverkehrsmittel. Es fuhr bis 1974.

ENINGEN UNTER ACHALM

PFULLINGEN

Drei Jahre lang gehörte Pfullingen zu Reutlingen. Nach dem Ende des Zweiten Weltkriegs, wenige Tage, nachdem Frauen erreicht hatten, dass die Stadt friedlich übergeben wurde, gemeindete die französische Militärregierung Pfullingen dem größeren Nachbarn ein. Viele Einwohner waren empört. Ihr Protest gegen den als »undemokratischen Gewaltakt« empfundenen Erlass führte 1948 zur Entscheidung des jungen Landtags, die Zwangsehe aufzuheben. Pfullingen war wieder selbstständige Stadt.

Auch in den Jahrhunderten zuvor war das Verhältnis zwischen den beiden Nachbarn häufig angespannt, geprägt durch Konkurrenz, manchmal auch offene Feindschaft zwischen der württembergischen Gemeinde Pfullingen und der freien Reichsstadt Reutlingen. Die Kräfteverhältnisse waren dabei nicht immer dieselben: Im Gründungszeitraum der Siedlungen war nach archäologischem Befund eher Pfullingen als Reutlingen der zentrale Ort des Echaztales. So gehörte vermutlich auch Reutlingen zur übergeordneten Verwaltungseinheit des Pfullichgaus mit dem Hauptort Pfullingen. Der Pfullichgau erscheint erstmals urkundlich im Jahr 937, dürfte aber auf merowingische Ursprünge zurückgehen.

Pfullingen war im frühen Mittelalter demnach von herausgehobener Bedeutung. Abzulesen ist dies etwa an reichen alemannischen Grabfunden aus der Merowingerzeit. Zudem fanden sich bei der archäologischen Untersuchung der Pfullinger Martinskirche im Rahmen von Sanierungsmaßnahmen in den 1960er Jahren Hinweise auf einen ersten hölzernen Vorgängerbau aus dem frühen 7. Jahrhundert, einen der ältesten Kirchenbauten im

alemannischen Siedlungs- und Herrschaftsgebiet überhaupt. Der Neubau des heutigen Langhauses wurde 1580 vollendet.

Neben Kirchenareal und Marktplatz entstanden in Pfullingen im Laufe der Zeit weitere kulturelle Zentren, etwa das Klarissenkloster. Es wurde nach einer späteren chronikalischen Überlieferung im 13. Jahrhundert von zwei Frauen aus dem Pfullinger Ortsadel gegründet. Bis zu seinem Niedergang während der Reformation entwickelte es sich allen Armutsgelübden zum Trotz zu einem einflussreichen und äußerst wohlhabenden Kloster. Die letzte Pfullinger Klarisse starb 1595, sie war als einzige ihrer Schwestern zum evangelischen Glauben übergetreten. Abbrüche und Umbauten der Klostergebäude begannen bereits während der Reformation. Um 1825 fiel der Kreuzgang. Glücklicherweise erhalten geblieben ist – neben einem Rest der mit frühgotischer Ornamentmalerei geschmückten Klosterkirche – das um 1300 mit der Klostermauer erbaute Sprechgitter, für die Nonnen die einzige Verbindung nach draußen. Nur

PFULLINGEN

durch dieses »Redfenster« durften die Frauen, nach der Klarissenregel »für die Welt begraben« und im Alltag zum Schweigen verpflichtet, mit ihren Familien Kontakt halten: selten, zeitlich begrenzt, immer unter Aufsicht.

Auch vom früheren Zentrum der weltlichen Macht sind nur Reste geblieben. Die ehemalige Wasserburg an der Echaz, Sitz der Pfullinger Adelsfamilie Remp, wurde Ende des 15. Jahrhunderts an das Haus Württemberg verkauft. Herzog Christoph ließ in den Jahren 1560 bis 1565 anstelle der ehemaligen Rempenburg ein vierflügeliges Schloss im Renaissancestil errichten. Sein Vater Herzog Ulrich hatte 1540 bereits einen Tiergarten anlegen lassen. Von der Schlossanlage hat sich nur ein Flügel mit Anbauten erhalten. Mehr Glück hatte das »Schlössle«, ein ebenfalls auf die Rempen zurückgehender spätmittelalterlicher Fachwerkbau, der sich noch heute über der Echaz erhebt und in dem das stadtgeschichtliche Museum von Pfullingen untergebracht ist.

Ganz in der Nähe befindet sich in der Ende des 18. Jahrhunderts neu errichteten Baumannschen Getreidemühle das überregional bekannte Mühlen- und Trachtenmuseum. Die Mühle geht über vier Stockwerke und ist funktionsfähig, sie kann bei Führungen in Betrieb genommen werden. Die meisten der Pfullinger Mühlen, die entlang der Echaz und ihrer Kanäle gebaut worden waren, sind heute allerdings verschwunden, darunter auch die frühere Schlossmühle aus dem 15. Jahrhundert, die 1981 abgebrochen wurde.

Die Echaz und ihre Wasserkraft war ein wichtiger Faktor für die Industrialisierung in Pfullingen, die sich hier ab der zweiten Hälfte des 19. Jahrhunderts vollzog. Die Papierfabrik der Familie Laiblin, die Nähfadenfabrik Knapp oder die Baumwollweberei Gebrüder Burkhardt sind nur drei der Unternehmen, die die wirtschaftliche Entwicklung der Stadt bis ins 20. Jahrhundert prägten. So verdoppelte sich zwischen 1820 und 1900 Pfullingens Siedlungsfläche. Aber nicht nur wirtschaftlichen, auch kulturellen Zugewinn brachten die erfolgreichen Unternehmerfamilien dem Ort. Schönstes Beispiel dafür sind die mit Jugendstilelementen ge-

stalteten Pfullinger Hallen, die Louis Laiblin 1907 seiner Heimatstadt stiftete. Seiner Zusammenarbeit mit dem Architekten Theodor Fischer verdankt Pfullingen auch sein Wahrzeichen, den markanten Schönbergturm.

Der Stadtentwicklung, dem Bau neuer Wohnquartiere und öffentlicher Gebäude, musste in den 1970er und 80er Jahren in der Pfullinger Innenstadt viel historische Bausubstanz weichen. Am Marktplatz, der bis 1979 von der Bundesstraße durchschnitten wurde und seit 1982 Fußgängerzone ist, haben sich dagegen stattliche Fachwerkhäuser erhalten, darunter zwei Rathausgebäude – Zentren einer selbstbewussten Stadt.

UNTERHAUSEN

Das untere und das obere Hausen sind seit 1930 eins: Damals wuchsen die Zwillingsdörfer im Echaztal verwaltungstechnisch zur Gemeinde Unterhausen zusammen, baulich hatten sie das längst getan. Zwei evangelische Kirchen berichten von der Vergangenheit als getrennte Dörfer: die Erlöserkirche in Oberhausen, die in der heutigen Form aus dem 18. Jahrhundert stammt, aber auf einen älteren Bau zurückgeht, und die Johanneskirche in Unterhausen, die mit ihrer Wehrmauer und ihrem Fachwerk-Pfarrhaus eine idyllische Oase im Ort bildet. Ihr wuchtiger Wehrturm aus dem 12. Jahrhundert wird seit 1811 von einer Glockenstube gekrönt.

Das Schweizer Unternehmen Solivo und Fierz eröffnete 1852 eine Baumwollspinnerei, die 1884 um ein Werk in Honau erweitert wurde. Diese Baumwollspinnerei Unterhausen (BSU) an der Straße nach Pfullingen beschäftigte in ihren Blütezeiten an die neunhundert Arbeiterinnen und Arbeiter. Unterhausens zweiter Industriekomplex entstand Ende des 19. Jahrhunderts am nördlichen Ortsrand, wo die Gebrüder Burkhardt aus Pfullingen einen Zweigbetrieb mit Spinnerei und Färberei gründeten. Die beiden Großbetriebe bauten Wohnhäuser, um ihre steigende Zahl an Mitarbeitern aus dem In- und Ausland unterzubringen.

Das ehemalige Burkhardt-Werk ist verschwunden, an seiner Stelle entstand in den 1980er Jahren Unterhausens heutiges Ortszentrum. Die B 312 mit ihrem hohen Verkehrsaufkommen verläuft mitten durch den Ort, weshalb Planungen für eine Verlegung aufgenommen wurden.

HONAU

Honau und die Forellen traten gemeinsam ins Licht der Ortsgeschichte. Zum ersten Mal erwähnt wurde das Dorf an der Echazquelle im Jahr 937, als der König und spätere römisch-deutsche Kaiser Otto der Große seine Fischgerechtigkeit an der Echaz verschenkte – an einen Geistlichen namens Hartbert.

Land war knapp und der Albaufstieg eine gewaltige Barriere. Sie wurde etwas kleiner, als 1820 die Honauer Steige ausgebaut wurde. Am 1. Oktober 1893 überwand zum ersten Mal eine Zahnrad-Dampflok die Zehn-Prozent-Steigung und 179 Höhenmeter von Honau auf die Alb. Die neue Haltestation Lichtenstein brachte den Tourismus auf der Höhe in Schwung. 1912 empfing das Kur- und Alb-Hotel am Traifelberg die ersten Gäste. Villen und Wochenendhäuschen entstanden in seiner Nachbarschaft.

Wilhelm Hauffs romantische Württemberg-Saga »Lichtenstein« hatte das ganze Land begeistert. Vom Roman inspiriert ließ Wilhelm Graf von Württemberg 1840 bis 1842 das dazu passende Märchenschlösschen auf die Felsen über Honau setzen. Zum 100. Geburtstag des Dichters 1902 wurde die Handlung in einer eigens gebauten Festspielhalle auf die Bühne gebracht. Es war die erste Freiluftbühne in Württemberg. Dutzende von Laiendarstellern aus dem ganzen Echaztal wirkten mit.

1874 wurde die Olgahöhle entdeckt und sehr erfolgreich vermarktet, eine weitere touristische Attraktion. Honau verdankte seinen Reichtum aber auch dem Wasser, das Mühlen, Sägereien und später Turbinen antrieb. Ein Zweigwerk der Baumwollspinnerei Unterhausen bot begehrte Arbeitsplätze.

HOLZELFINGEN

Anfang des Jahres 1892 wurde in Holzelfingen groß gefeiert. Zum Wasserfest waren die Straßen mit Kränzen und Tannenreisig geschmückt, ein Festzug führte vom »Adler« zur Kirche. Für die damals etwa 630 Holzelfinger war das Leben mit einem Schlag deutlich leichter geworden. Wasser kam jetzt aus der Leitung, reichlich, immer verfügbar.

Die Wasserversorgung war bis dahin ein großes, vielleicht das größte Problem im Dorf. Die vier Hülen waren immer wieder undicht, liefen leer oder trockneten aus. Die Holzelfinger Brunnen lagen an der Steige ins Tal und waren mühsam zu erreichen. In heißen Sommern versiegten auch sie – dann blieb nur der Weg an die Echaz.

Trotz der Wasserarmut muss das Gebiet am Albtrauf so attraktiv gewesen sein, dass schon in der ersten alemannischen Gründungswelle hier ein Dorf entstand. Direkt am Albaufgang befindet sich Holzelfingens historischer Ortskern mit der Blasiuskirche, die 1275 zum ersten Mal erwähnt wurde. Auf der heutigen Trasse verläuft die Holzelfinger Steige freilich erst seit 1863. Zwei ältere Steigen führten etwas weiter hangabwärts ins Tal.

Für den Ausbau ihrer Steige mussten sich die Holzelfinger im 19. Jahrhundert kräftig verschulden. Von der Regierung Württembergs, dem Oberamt und den Nachbargemeinden, die ja auch vom Projekt profitierten, kamen lediglich Zuschüsse – den Löwenanteil hatte die Gemeinde selbst einzubringen. Auch den Straßenunterhalt musste Holzelfingen bezahlen.

ERMSTAL UND UMGEBUNG

RIEDERICH

Mit ihrer verkehrsgünstigen Lage konnte die Gemeinde Riederich immer schon punkten. In vergangenen Jahrhunderten war es die Landstraße zwischen Alb und Neckar, die im Ort die Erms überquerte. Heute ist es die Bundesstraße 312, viel befahrene Verbindung zwischen dem Ermstal und dem Stuttgarter Raum, die an der Gemeinde vorbeiführt und an der sich zahlreiche Betriebe angesiedelt haben.

Eine florierende Wirtschaft gibt es in Riederich erst seit dem ausgehenden 19. Jahrhundert. Damals siedelte sich das erste Industrie-Unternehmen im Ort an, die aus einer Hammerschmiede hervorgegangene Mechanische Weberei Riederich. Das sicherte die Existenz vieler Dorfbewohner, die vom landwirtschaftlichen Ertrag, von der Leineweberei und anderen Handwerksberufen kaum mehr leben konnten.

Zuvor war der einzige Betrieb Riederichs die Mühle gewesen. Sie war, wie die meisten Höfe im Dorf, im Besitz des Klosters Hirsau und ging mit der Reformation an das Herzogtum Württemberg über. Eine eigene Pfarrkirche hatte Riederich damals nicht, die Pfarrer aus Bempflingen versorgten den Ort mit. Eine romanische Kapelle war aber bereits seit dem 13. Jahrhundert vorhanden. In den 1950er Jahren, als das vom Denkmalschutz als unbedeutend eingestufte Kirchlein abgerissen werden sollte, wurden Fresken aus dem 15. Jahrhundert entdeckt. Wenigstens eine bemalte Wand konnte erhalten und in den Neubau integriert werden. Hier sind Szenen aus der Passionsgeschichte und aus Heiligenlegenden zu sehen. Auch der alte Turm blieb stehen. 1983 wurde der Name Auferstehungskirche gewählt.

GRAFENBERG

Im Turm der evangelischen Michaelskirche schlägt eine Glocke aus dem 13. Jahrhundert – wohl die älteste im gesamten Landkreis Reutlingen. Schon 1246, als der Ort in einem Brief an den Papst Innozenz IV. zum ersten Mal erwähnt wurde, war auch von der Pfarrkirche zum heiligen Michael die Rede. Die Kirche in ihrer heutigen Form stammt aus dem Jahr 1726.

Ursprünglich hieß das Dorf ganz einfach »Berg«. Damit ist zugleich sein ganz eigener Charakter beschrieben, geprägt von der Höhenlage an der Flanke eines ehemaligen Vulkankegels, mit weiter Rundumsicht vom Albtrauf bis in den Neckarraum. An den Hängen wurde jahrhundertelang Wein angebaut, früher eine wichtige Erwerbsquelle im Ort.

Im Mittelalter lokalisieren Historiker hier einen Fron- und Herrschaftshof, von dem aus der Besitz der Grafen von Urach in weiterem Umkreis verwaltet wurde. Gut dokumentiert ist eine keltische Höhensiedlung, die auf dem Grafenberg angesiedelt war. Schon in der Jungsteinzeit dreitausend Jahre früher ist der Vulkankegel bewohnt gewesen.

Mit wachsender Bevölkerung kam Grafenberg im 19. Jahrhundert an seine Grenzen. Fast 400 Grafenberger verließen ihre Heimat, um sich in Russland oder Nordamerika eine neue Existenz aufzubauen.

Grafenberg besitzt wenig landwirtschaftlich nutzbare Flächen. Deshalb war der Hausierhandel, vor allem mit Linsen und Büchern aus Reutlinger Verlagen, für viele Einwohner eine wichtige Erwerbsquelle. Daran erinnert noch heute das Linsenfest, das alle zwei Jahre gefeiert wird.

METZINGEN

Seinen Höhepunkt erreichte der Weinbau in Metzingen im 16. Jahrhundert. Alle geeigneten Hänge am Dorf – es war für damalige Verhältnisse bereits auf stattliche Größe angewachsen – waren mit Reben bedeckt. Am Kelternplatz am nordöstlichen Ortsrand standen neun Keltern. Große Grundbesitzer, etwa das Kloster Zwiefalten, besaßen ihre eigenen. Viele Häuser hatten einen Weinkeller. Der Weinbau war für den Marktflecken ein zentraler Wirtschaftsfaktor, brachte Wohlstand und durch den damit verbundenen überörtlichen Handel auch etwas städtisches Flair.

Das stärkte das Selbstbewusstsein, was sich zum Beispiel beim Aufstand des Armen Konrad zeigte, als Metzingen ein Zentrum des Widerstands war. Damals wurde auch viel gebaut. Eine größere Martinskirche wurde in dieser Zeit errichtet: Anstelle des romanischen Altbaus entstanden Chor und Turm im gotischen Stil. Die 1514 gegossene Glocke Hosanna klingt noch heute.

Das Kirchenschiff ist damals allerdings nicht ganz fertig geworden, sein an den gotischen Chor angepasstes Gewölbe entstand erst mehr als dreihundert Jahre später. Denn der Phase des Aufschwungs folgten Jahrzehnte der

Krise. Der Dreißigjährige Krieg hatte für Metzingen einschneidende Folgen. Nach dem Einfall kaiserlicher Truppen 1634 kam es zu einer Hungersnot und zu einer verheerenden Pestepidemie. Ein Teil der Gebäude des Ortes brannte ab, von den neun Keltern wurden sieben zerstört. Nur die Äußere Heiligenkelter und die Äußere Stadtkelter, beide aus dem frühen 16. Jahrhundert und auf noch weit ältere Vorgänger zurückgehend, überstanden die Unglücksjahre.

Fünf Keltern wurden wieder aufgebaut. Aber die Siebener-Gruppe wäre dann beinahe den Modernisierungsbestrebungen der 1960er Jahre zum Opfer gefallen, trotz Denkmalschutz. Pläne für eine moderne Bebauung des Platzes lagen bereits vor. Sie wurden nicht umgesetzt – ein Glück für das heutige Metzingen, das mit seinem Kelternplatz ein kulturhistorisch einmaliges Ensemble besitzt.

Andere Bauwerke, die das frühe Metzingen prägten, sind nahezu restlos verschwunden. Keine Spur mehr von der Turmhügelburg der Herren von Metzingen, einer Familie von Edelfreien aus dem Gefolge der Achalmgrafen. Nur noch ein Graben ist erhalten von der Burg auf dem Weinberg. Sie gehörte den Herren von Stöffeln, die im 13. Jahrhundert halb Metzingen besaßen. Nur noch Erinnerung auch die Pfarrkirche auf dem Staufen, dem Berg, der heute »Florian« genannt wird – nach Florinus, dem Patron dieser

Kirche. Sie wurde nach der Reformation abgetragen.

Von der bevorzugten Lage profitierten die Einwohner des Marktfleckens quer durch die Jahrhunderte. Ein Knotenpunkt zweier Fernstraßen, mildes Klima und das Wasser der Erms – das stellte die Weichen für wirtschaftlichen Erfolg. Sogar die Nachbarn aus der Residenzstadt Urach sahen mit der zunehmenden Bedeutung des Markt- und Handelsorts Metzingen ihre Felle davonschwimmen, ermsabwärts. Um das Stadtrecht bewarb sich die Bürgerschaft 1831 vor allem mit dem Ziel, auf den überörtlichen Märkten zu punkten. Städtische Ware verkaufte sich einfach besser.

In vorindustrieller Zeit waren Lederwaren und feine und robuste Wolltuche die wichtigsten Produkte der jungen Stadt. Ein Teil der in Württemberg gewonnenen Wolle wurde hier verarbeitet. Am Ermskanal wurden die Mühlen in Fabriken umgewandelt. Die Eröffnung der Eisenbahnlinie 1859 brachte einen weiteren Entwicklungsschub: Metzingen wurde Industriestandort.

Die Tuchfabrik Gaenslen & Völter, mit bis zu sechshundert Beschäftigten einst eins der größten Unternehmen, die 1888 gegründete Maschinenfabrik Holder, die Pflanzenschutzspritzen und Schlepper für den Weinbau produzierte, die Enzian-Seifenfabrik Bazlen, gegründet 1857: Das waren einige traditionsreiche Metzinger Industriebetriebe. Das Modeunternehmen Hugo Boss hat in den letzten Jahrzehnten die wirtschaftliche Entwicklung von Metzingen entscheidend geprägt. Zu einem Manufaktur- und Aussteuergeschäft kam in den 1920er Jahren die Kleiderfabrik hinzu. Hergestellt wurden zunächst Berufskleidung und im Dritten Reich vor allem Uniformen. In der Nachkriegszeit begann die Produktion von Herrenanzügen. Als die Boss-Enkel Uwe und Jochen Holy in den 1970er Jahren ihren ersten Fabrikverkauf eröffneten, wurde ein neues Kapitel aufgeschlagen – Metzingens Karriere als international bekannte Outlet-Stadt begann.

NEUHAUSEN

Bis ins 18. Jahrhundert war Neuhausen wie eine Insel: Zwiefalter Klostergebiet mitten im württembergischen Herrschaftsbereich. 660 Jahre lang hatte das einflussreiche Benediktinerkloster das Sagen. Zu dessen Gründung 1089 stifteten die beiden Achalm-Grafen Kuno und Liutold ihren Besitz in Niuwinhusin. 1750 wurde er schließlich an Württembergs Herzog Carl Eugen verkauft. Das Kloster hinterließ in Neuhausen repräsentative Gebäude: Den für die Lagerung von Abgaben 1532/33 gebauten Bindhof beispielsweise, der heute schön renoviert als Dorfgemeinschaftshaus dient. Oder den Zwiefalter Klosterhof, Schlössle genannt, der um 1600 als Sitz des klösterlichen Amtmanns errichtet wurde.

Am Hofbühl erstreckten sich die Weinberge früher über achtzig Hektar. Heute bewirtschaftet die Weingärtnergenossenschaft davon nur noch ein Viertel. Auch im Ort hat sich viel verändert. In den späten 1960er Jahren wurde ein neues evangelisches Gemeindezentrum gebaut und die damalige Eninger Straße verbreitert – die alte Zwölfapostelkirche und das Pfarrhaus mussten dafür weichen. »Ortsdurchbruch« hieß in den 1970ern der Plan, die Bundesstraße 28 durch Neuhausen so zu verbreitern und zu begradigen, dass das Dorf in zwei Hälften geteilt wurde. Mehrere auch historische Gebäude wurden dafür abgebrochen. Den ebenfalls geplanten Abriss der mittleren der drei Neuhäuser Keltern konnten engagierte Bürger verhindern. Spätere Sanierungen und nicht zuletzt die 2003 fertiggestellte Umgehungsstraße haben den Ortskern viel attraktiver gemacht.

GLEMS

Glems und Obstbau – das gehörte nicht immer so selbstverständlich zusammen wie heute. In Metzingens kleinstem Ortsteil spielte wie im benachbarten Neuhausen noch bis in die Neuzeit der Weinbau eine wichtige Rolle. Im 16. und 17. Jahrhundert wuchsen an den Hängen ums Dorf Trauben statt Birnen. In der früheren Kelter, einem der ältesten Gebäude des Dorfes, ist heute das Obstbaumuseum untergebracht.

Felsen und Hangwälder des Albtraufs umschließen halb Glems wie ein Amphitheater. Auf dieser Bühne hat sich in den vergangenen Jahrhunderten ein Dorf entwickelt, das immer wieder hart um seine Eigenständigkeit gerungen hat. Mitte der 1970er Jahre wehrte es sich gegen die Eingemeindung, die bei einer Bürgerbefragung mit mehr als neunzig Prozent der Stimmen abgelehnt worden war. Sie kam trotzdem, und das Dorf ist nicht schlecht damit gefahren.

In den sechziger Jahren wurde das Pumpspeicherkraftwerk Glems gebaut. Wind- und Sonnenenergie, die ja nicht immer verfügbar ist, kann damit langfristig und in großer Menge gespeichert werden.

Das Kraftwerk besteht aus einem Unterbecken, der Tiefenbachtalsperre, einem am Rand des Albtraufs gelegenen Oberbecken und einer verbindenden Rohrleitung mit einem Durchmesser von drei Metern.

Neben der Kirche von 1762 stand bis in die 1960er Jahre die Zehntscheuer des Dorfes. Sie ist verschwunden, wie auch die Mühle, in der die Einwohner ihr Korn mahlen konnten – wenn der Glemsbach nicht gerade wieder ausgetrocknet war.

DETTINGEN

Die elegante Stiftskirche mit ihrem schlanken Turm, das heute als Rathaus genutzte »Schlössle«, die Alte Schule, das Bürgerhaus am Anger, einst ebenfalls ein stattlicher Schulhausbau – Dettingens Ortsmitte ist ein bisschen prächtiger, als es in einem bescheidenen schwäbischen Dorf zu vermuten wäre. Über ihre bäuerlichen Ursprünge ist die Gemeinde im Ermstal aber auch längst hinausgewachsen.

Obwohl Dettingen die längste Zeit seiner Geschichte kein Herrensitz war: Herrschaft ganz unterschiedlicher Prägung hat hier ihre Spuren hinterlassen. Zum Beispiel das Kloster Zwiefalten, das in diesem klimatisch begünstigten Dorf mit seinen Obstbaumwiesen und Weinbergen noch bis ins 18. Jahrhundert reichen Besitz hatte. Der Zwiefalter Hof, früherer Pfleghof des Klosters, hat sich als außergewöhnlich schöner Fachwerkbau aus dem späten 16. Jahrhundert bis heute erhalten. Aber auch die weltliche Herrschaft baute in Dettingen. Württembergs Graf Eberhard im Bart hatte die Ordensgemeinschaft der Brüder vom gemeinsamen Leben ins Land geholt. Für sie wurde von Baumeister Peter von Koblenz ein Stiftsgebäude errichtet, das spätere »Schlössle«, ein repräsentativer Bau, der später als württembergisches Lehen durch mehrere adelige Hände ging. In dieses herrschaftliche Zentrum fügt sich das 1864 im spätgotischen Stil erneuerte dreigliedrige Schiff der Dettinger Kirche harmonisch ein. Heute hat Dettingen ein ruhiges Zentrum: Seit 1990 führt die B 28 nicht mehr mitten durch den Ort.

Die Nähe zum württembergischen Urach hat Dettingen in der Vergan-

genheit nicht nur Vorteile gebracht. 1377 geriet der Ort in Brand, wurde zum Opfer, weil aufgebrachte Reutlinger Reichsstädter nach ihrem erfolglosen Sturm auf Urach hier vorbeizogen. Während des Dreißigjährigen Kriegs wurde um das Dorf gekämpft. 88 namentlich bekannte Tote einer Schlacht am 12. November 1634 notierte der damalige Pfarrer in den Dettinger Kirchenbüchern, die zu den ältesten gehören, die in Württemberg erhalten geblieben sind. Die wohl mehr als tausend Seuchentoten des Folgejahres wurden nicht mehr alle verzeichnet.

Die Erms wurde im 19. Jahrhundert zum entscheidendem Standortfaktor. Die Wagenfabrik Adam Daumüller, die 1860 ermsaufwärts gebaute Papierfabrik zum Bruderhaus des Reutlinger Sozialreformers Gustav Werner, die wenige Jahre später errichtete Spinnerei und Weberei G. M. Eisenlohr: Mit diesen Fabriken begann in Dettingen die Industrialisierung.

Die Papierfabrik ist inzwischen Teil eines skandinavischen Weltkonzerns, und aus dem denkmalgeschützten Gebäude der Eisenlohr'schen Weberei, in dem im späten 19. Jahrhundert Hunderte von Webstühlen standen, ist ein ambitioniertes Wohnungs- und Städtebauprojekt geworden. Die Industrie hat sich heute im Ermstal weit ausgedehnt. Seit 1964 ist Dettingen Unternehmenssitz der ElringKlinger AG. Der Automobilzulieferer beschäftigt 10 000 Mitarbeiter weltweit, fast ein Viertel davon in Dettingen. Beim Zweigwerk des Weltkonzerns Voestalpine, der seinen Sitz in Linz hat, arbeiten rund 900 Arbeiter und Angestellte. Seit 1950 hat sich die Einwohnerzahl verdoppelt.

DETTINGEN

BAD URACH

Heute ist die Uracher Altstadt umringt von Straßen, Parkplätzen und Gewerbebauten. In ihrer Glanzzeit als württembergische Residenz im 15. Jahrhundert thronte sie wie eine stolze Insel inmitten von Wasser. Erms, Elsach und Stadtbach waren aufgestaut zu breiten Gräben und Seen, die die ummauerte Stadt von allen Seiten umflossen, der Hirschsee und die Schwanenseen entstanden. Auch Urachs erstes Schloss stand als Wasserburg am Rand des Stadtbezirks. Es muss ein schöner Anblick gewesen sein.

Die Wasserburg ist verschwunden, ebenso die Seenlandschaft. Und doch hat die Stadt aus dieser Blütezeit vor über fünfhundert Jahren viel bewahrt. Schloss, Amanduskirche und ein Rathaus wie aus dem Bilderbuch: Die repräsentative Altstadt hat Urach dabei geholfen, sich immer wieder neu zu erfinden und umzuwandeln, von der Residenz zum Verwaltungssitz, vom Gewerbe- zum Kurort.

Tausende von Gästen aus dem In- und Ausland sah Urach zum ersten Mal in seiner Geschichte vor rund 550 Jahren, 1474, als die Hochzeit des Grafen Eberhard im Bart mit der ebenso reichen wie schönen Barbara Gonzaga aus Mantua glanzvoll gefeiert wurde. Für den kleinen württembergischen Hof, der wegen der Landesteilung von 1442 bis 1482 in Urach residierte, war das ein logistischer Kraftakt. Mit der verschwenderischen Prachtentfaltung – es sollen um die 150 000 Liter Wein geflossen sein, unter anderem aus einem Brunnen – beeindruckte das Haus Württemberg: Ein Jahr vor seinem Tod wurde Eberhard zum Herzog erhoben.

Auch nach dem Umzug des Hofes nach Stuttgart versank Urach nicht in der Bedeutungslosigkeit. Die Stadt blieb Verwaltungssitz, war bis 1938 Oberamt, entwickelte sich zum Markt- und Handelszentrum für die gesamte Umgebung. Hier entstand die »Privilegierte Uracher Leinwandhandlungs-Compagnie«, die im 17. und 18. Jahrhundert das feine Tuch international vermarktete, das von Hunderten Webern in der Stadt und den Albgemeinden produziert wurde. Aber nicht nur Leinen, sondern auch Wolle war für die Stadt ein wichtiges landwirtschaftliches Produkt: Seit 1723 wird hier alle zwei Jahre das Zunftfest der Schäfer gefeiert, früher als bedeutender Gerichtstag, heute als traditionsreiches Spektakel für Zehntausende von Besuchern.

Die Industrialisierung revolutionierte die Uracher Textilproduktion, an den Flüssen entstanden Fabriken. Die Stadt wuchs – um Arbeitersiedlungen ebenso wie um Villenviertel. Mit der Fertigstellung der Ermstalbahn 1873 rückten die Märkte des Neckarraums näher.

Aber auch der Fremdenverkehr profitierte: Schon 1905 pries der erste Uracher Tourismusprospekt die Stadt als »Perle der Schwäbischen Alb«. Urachs Übernachtungszahlen liegen in guten Jahren bei rund 400 000. Nicht zufällig ist die Stadt heute der Sitz der Tourismusverbandes für die gesamte Schwäbische Alb.

Im Mai 1970 begann Urachs dritte oder vierte Blüte – seine Karriere als Bäderstadt. In rund 770 Meter Tiefe war die »Ermstal-Bohrgesellschaft« auf Thermalwasser gestoßen, gut sechzig Grad warm, ergiebig. Die ersten Badegäste saßen in großen Wannen unter Obstbäumen. Knapp zwei Jahre später wurde das Uracher Thermalbad eröffnet. Seit 1983 heißt die Stadt »Bad«, und in den Reha-Kliniken und Hotels des Kurgebiets erholen sich jährlich Tausende.

SEEBURG

Seeburgs größter Reichtum schmückt repräsentative ebenso wie schlichte Bauwerke im weiten Umkreis: Tuffstein. Das in frischem Zustand leicht zu bearbeitende, dann aber aushärtende und gut isolierende Gestein wurde mitten im Dorf in großem Stil abgebaut, wie Seeburgs zerklüftete Topografie noch heute verrät.

Als Siedlung an einem wichtigen Albaufstieg hat das Dorf eine weit zurückreichende Geschichte, geprägt von verschiedenen Burgen auf der Höhe und mehreren Seen im Tal. Eine Kirche wurde in Seeburg bereits im Jahr 770 genannt, die heutige Johanneskirche schmücken romanische Wandmalereien aus dem 13. Jahrhundert. Ein Motor der Entwicklung war die Erms mit ihrer ergiebigen Quelle, ein paar Hundert Meter vom Ortsrand entfernt. Im 15. Jahrhundert sind nicht weniger als neun Mühlen dokumentiert.

Mühlen saßen auch an den aus Tuffstein gebildeten Geländestufen, die das Tal bis hinab nach Urach gliedern. Pump- und Wasserkraftwerke stehen hier noch heute. Eine dieser Steinbarrieren begrenzte den »Bodenlosen See«, zu dem sich der Fischbach aufstaute. Um das Gewässer zum Ausfischen leerlaufen lassen zu können, wurde unter der Regie des herzoglichen Baumeisters Heinrich Schickhardt Anfang des 17. Jahrhunderts ein Stollen unter dem Dorf hindurchgetrieben. Den fast 470 Meter langen Tunnel gibt es noch heute.

1823 berichtete Gustav Schwab in »Die Neckarseite der Schwäbischen Alb« von der »neuen Seeburger Bergstraße«, der Steige zwischen Urach und Münsingen. Früher führte der Albaufstieg durchs Mühltal und die Trailfinger Schlucht.

HENGEN

Ein Schultheiß und Bauer von Hengen hat überall im Dorf bleibende Spuren hinterlassen: Johann Jakob Reiser, dessen Leben von der Not des Dreißigjährigen Kriegs fast von Anfang bis Ende überschattet wurde. Immerhin hatte Reiser ein langes Leben, im Gegensatz zu den allermeisten seiner Mitbürger, die die Jahre 1634 und 1635 nicht überstanden. Erst legten kaiserliche Truppen das Dorf in Schutt und Asche. Dann kam die Pest. Wer nicht zum Opfer wurde, der floh.

1644 kam Reiser zurück in das fast ganz entvölkerte Hengen, heiratete, begann mit dem Wiederaufbau, wurde Heiligenpfleger, später Bürgermeister. Als er 1696 starb, hatte Hengen wieder eine Kirche, ein Schulhaus, ein Armenasyl, einen Pfarrverweser, einen Lehrer, hatte Ordnung und Zusammenhalt.

Die Deckenmalereien im spätgotischen Chor der Kirche haben die Flammen des Dreißigjährigen Kriegs ebenso wie verschiedene Modernisierungswellen überstanden.

In Hengen gibt es ein ganz besonderes Museum: Die Sammlung Geigle enthält über 350 Grammophone, ein selbstspielendes Klavier, kuriose Musikmaschinen der zwanziger und dreißiger Jahre und vieles mehr. Alle Geräte sind funktionsfähig.

Genauso erstaunlich und sehenswert ist der Naturgarten Geigle ganz in der Nähe: Auf über 2000 Quadratmetern findet man die verschiedensten Biotope, darunter einen großen Teich. Vögel, Wildbienen, Amphibien und Fledermäuse werden gehegt und gepflegt, seltene Arten haben sich angesiedelt.

SIRCHINGEN

Sirchingen hatte immer Verbindungen nach beiden Seiten: zur Stadt Urach im Tal, wohin der Ort 1971 eingemeindet wurde, und zu den Dörfern St. Johanns, denen er seit Jahrhunderten kirchlich zugehört. Bis 1449 war Sirchingen Teil des Gächinger Kirchspiels (Pfarrbezirks), dann wurde Upfingen Pfarrkirche und das Nachbardorf ihr Filial. Kirchspiel (= Kispel) hieß bis 1938 auch ein württembergischer Verwaltungsbezirk. 1975 wurde Sirchingen politisch von den Orten, die heute die Gemeinde St. Johann bilden, getrennt. Aber seit Anfang 2022 wird die Gemeinschaft ganz neu mit Leben erfüllt: Sirchingen bildet mit Upfingen, Würtingen, Bleichstetten, Gächingen und Lonsingen seit Anfang 2022 die evangelische Verbundkirchengemeinde Kispel. Eine eigene Kapelle hatte Sirchingen schon früh. 1883 wurde sie durch einen kleinen Neubau in gotischem Stil ersetzt.

Die Sirchinger Steige war von allen Albaufstiegen diejenige, die die Herrschaft Württemberg schon um 1766 als Erste ausbauen ließ: Herzog Carl Eugen wünschte eine möglichst gute und schnelle Verbindung von Stuttgart zu seiner Sommerresidenz, dem zum Barockschloss ausgebauten Grafeneck.

Im 19. Jahrhundert entwickelte sich der Ort zu einer Pendlergemeinde: Arbeiterinnen und Arbeiter fuhren täglich ins Tal zur Arbeit in der Baumwollspinnerei G.A. Leuze, damals noch mit Pferde- und Kuhfuhrwerken.

Sirchingen liegt direkt auf der Europäischen Wasserscheide, die eine Seite des Ortes fällt ab zur Erms und zum Rhein, die andere zur Großen Lauter und zur Donau.

WITTLINGEN

Zehntplatz heißt der Mittelpunkt Wittlingens. Er liegt ungefähr im Zentrum der Geländemulde, in der das Dorf – heute Bad Urachs größter Stadtteil – vermutlich im 7. Jahrhundert entstanden ist. Diese »Nestlage« brachte Vorteile, zum Beispiel in klimatischer Hinsicht, weshalb sich der Obstbau hier leichter tat als in vielen anderen Orten auf der Schwäbischen Alb. In der Wittlinger Mulde gab es außerdem genügend Wasser. Auf dem Schlot eines früheren Vulkans ließen sich auskömmliche Brunnen anlegen. Schon in römischer Zeit war die Gegend besiedelt.

Vom Zehntplatz mit dem Rathaus gehen in alle Richtungen kleine Straßen ab. Etwa der Rulamanweg, benannt nach dem Steinzeit-Helden in David Friedrich Weinlands gleichnamigem Jugendbuch, das nicht nur im Wittlinger Hofgut geschrieben worden ist, sondern in den benachbarten Höhlen auch spielt. Oder die Johannes-Brenz-Straße, die an den württembergischen Reformator erinnert, der 1548 auf dem nahen Hohenwittlingen Schutz gesucht hatte.

Die Grundschule in Wittlingen ist eine Biosphärenschule im Biosphärengebiet Schwäbische Alb. Sie hat einen Zertifizierungsprozess erfolgreich durchlaufen, arbeitet eng mit dem Biosphärengebiet zusammen und realisiert Projekte mit außerschulischen Akteuren. So werden die Schüler motiviert, sich für Natur und Umwelt einzusetzen.

Die Balkonlage und die Nähe zu Urach haben das Dorf in den vergangenen Jahrzehnten kräftig wachsen lassen. In drei Richtungen entstanden Neubaugebiete, wie die Flügel eines Windrads. Im Mittelpunkt sitzt immer noch: der Zehntplatz.

REUTLINGER UND URACHER ALB

HÜLBEN

In württembergischen Kirchenkreisen ist Hülben ein Begriff. 1768 wurde dort die erste »Stunde« abgehalten, ein Bibel- und Erbauungstreffen, das zu einer Keimzelle des württembergischen Pietismus wurde. Ins Leben gerufen haben diese Bibelstunden die Frauen und Männer der Lehrerfamilie Kullen, die in Hülben über sechs Generationen hinweg wirkten. Die altpietistischen Hülbener Konferenzen haben auch nach 250 Jahren noch große Anziehungskraft im ganzen Land. Die alte frühgotische Kirche wurde 1965 abgerissen, sie war viel zu klein geworden und wurde durch eine große, moderne Kirche ersetzt.

Im Zuge der Industrialisierung wandelte sich ein früher im Dorf verbreiteter Erwerbszweig zum Hobby: das Spitzenklöppeln. Die Eröffnung der neu gebauten Hülbener Steige im Jahr 1931 verkürzte den Weg ins Tal. Wirtschaftlich rückte Hülben damit den Gemeinden im Ermstal näher. Uracher Unternehmen schufen Filialbetriebe auf der Alb, nach 1945 setzte ein deutlicher Bauboom mit Erschließung großer Flächen ein.

In den 1990er Jahren wurde im Ortszentrum wieder eine Hüle angelegt. Der Ortsname rührt von den beiden alten, nicht mehr sichtbaren Hülen her, die früher der Wasserversorgung dienten.

In Hülben gibt es drei Genossenschaften: den Dorfladen, ein Medizinisches Versorgungszentrum und die Bürgerenergie. Letztere betreibt zwei Photovoltaikanlagen und ist an einem Windpark beteiligt.

Außerhalb der Ortes befindet sich das Segelfluggelände der Fliegergruppe Hülben auf der Albhochfläche. Bei guten Wetterbedingungen sind ausgedehnte Thermikflüge möglich.

GRABENSTETTEN

Ein Hochplateau wie eine Halbinsel, auf drei Seiten von Steilhang umgeben und nur durch eine schmale Landzunge mit dem Hauptmassiv der Alb verbunden: Grabenstettens besondere Lage prägt seine Geschichte.

Der Ort hatte in den zwei Jahrhunderten vor Christus eine überregionale, sogar internationale Bedeutung. Das keltische Oppidum am Heidengraben mit seiner heute Elsachstadt genannten Siedlung gilt als eines der größten in Europa, seine Bewohner pflegten Handelsbeziehungen bis ans Mittelmeer. Dieses spannende Kapitel lokaler Geschichte wird in einem Keltenmuseum und auf einem Kelten-Erlebnis-Pfad aufbereitet und begreifbar.

Der berühmteste Sohn Grabenstettens ist der Zoologe und Schriftsteller David Friedrich Weinland. Er arbeitete am Zoologischen Museum in Berlin, an der Harvard University in USA und später als Direktor des Zoologischen Gartens in Frankfurt am Main. Sein Jugendroman »Rulaman« ist noch heute gern gelesene Lektüre über das Leben der Vorfahren in den Höhlen der Schwäbischen Alb.

In der zweiten Hälfte des 19. Jahrhunderts wurden die drei Steigen ausgebaut, die Grabenstetten mit den umliegenden Tälern verbinden: die Neuffener, die Oberlenninger und die Uracher Steige.

Bei Grabenstetten liegt die Falkensteiner Höhle, die sich unter dem Ort durchzieht. Sie ist als bedeutendes Geotop des UNESCO-Geoparks Schwäbische Alb ausgezeichnet. Der Wasserspiegel kann in der aktiven Wasserhöhle stark ansteigen. Das Begehen ist gefährlich und deshalb verboten.

DONNSTETTEN

Der kleinste der drei Ortsteile Römersteins ist der höchstgelegene Ort im Landkreis Reutlingen, der nahe gelegene Römerstein mit seinem 1912 erbauten Aussichtsturm ist der höchste Berg der Mittleren Alb.

Trotzdem lag das wohl von der Nachbarsiedlung Zainingen aus gegründete Dorf nicht in völliger Abgeschiedenheit: Hier, am Alblimes, stand schon in römischer Zeit ein Kastell mit angeschlossener Siedlung, von der sich Reste des Brunnens und eines Badehauses fanden. Mehrere Hülen und ergiebige Brunnen sicherten die Wasserversorgung in dem auf gut achthundert Meter Höhe gelegenen Dorf. Vor ein paar Jahren wurde die letzte noch verbliebene Hüle in der Ortsmitte neu angelegt und schön gestaltet.

Die Bundesstraße – seit 1960/61 als Umgehung knapp am Ort vorbeigeführt – verbindet Donnstetten nicht nur mit Urach und Ulm, sondern übers Lenninger Tal auch mit dem Neckarraum. Ausflugsziel ist das Dorf deshalb schon seit langer Zeit: Bereits in den 1930er Jahren tummelten sich im Winter Skifahrer aus den Städten an den Donnstetter Hängen. In den 1960er Jahren wurde ein Skilift gebaut. Seit einigen Jahren gibt es eine Ganzjahresbobbahn.

Die St. Georgskirche aus dem 15. Jahrhundert auf ihrer kleinen grünen Insel bildet noch heute Donnstettens Herz. In der früheren Pfarrscheuer ist seit über dreißig Jahren ein Heimatmuseum untergebracht.

ZAININGEN

Heute ist Zainingens Hüle idyllischer Dorfmittelpunkt, Fotomotiv, Naturdenkmal, sie steht als größte noch erhaltene Hüle auf der Schwäbischen Alb unter besonderem Schutz. Die Wasserstellen entstanden über Tuffschloten im ehemaligen Vulkangebiet. Schon in der ersten alemannischen Besiedlungsphase haben sich Menschen hier niedergelassen, sogar in frühgeschichtlicher Zeit war der Ort schon von Bedeutung. Ein großes Grabhügelfeld in der Nachbarschaft geht zurück auf eine Siedlung der hallstattzeitlichen Kelten.

Weit zurück reicht auch die Geschichte der Zaininger Martinskirche, die um 650 entstand, damals noch in Holz, später in Stein, seit dem 15. Jahrhundert im Wesentlichen in der heutigen Form. Das Fachwerk der Glockenstube wurde allerdings erst im frühen 20. Jahrhundert freigelegt. 1559 ließ Herzog Christoph eine Wehrmauer um die Kirche bauen, die vor allem dem Schutz der Salztransporte diente, die auf der historischen Überlandstraße unterwegs waren.

Diese Straße, Verbindung zwischen Urach und Ulm, zwischen Paris und Wien, heißt heute B 28. Seit 1936 führt sie knapp am Dorf vorbei und begrenzt es nach Norden. Nach Süden sind es nur wenige hundert Meter bis zur Grenze des früheren Truppenübungsplatzes Münsingen. Das ehemalige Sperrgebiet, das Zainingen in den 1930er Jahren einen Teil seiner Gemarkung kostete, bietet heute neue touristische Attraktionen – zum Beispiel die beiden Aussichtstürme Hursch und Waldgreut, Überbleibsel der militärischen Nutzung.

BÖHRINGEN

Schon vor Jahrhunderten gehörten sie ein Stück weit zusammen, die Dörfer Böhringen, Zainingen und Donnstetten. Sie bildeten im Amt Urach ein Unteramt. Böhringen, wozu das Hofgut Aglishardt und seit 1822 auch Strohweiler gehört, wuchs allerdings früh in eine Zentralort-Funktion hinein. Hier gab es eine überörtlich tätige Leihkasse, hier saß ein Arzt, und hier gab es auch zwei Brauereien.

Eine davon existiert noch heute: Die Böhringer Biere der Hirschbrauerei haben eine fast zweihundertjährige Tradition. Und Böhringen ist heute eine »Dinkelhochburg«: Das früher »Schwabenkorn« genannte Getreide wird von einer Erzeugergemeinschaft aus Landwirten, der örtlichen Großbäckerei BeckaBeck und der Mühlengenossenschaft Römerstein seit 30 Jahren wieder erfolgreich vermarktet.

Das während der alemannischen Besiedlung gegründete Dorf, das früh unter die Herrschaft Württembergs kam, hat in seiner Geschichte mehrfach schwer gelitten – bei einem großen Brand im Jahr 1540, im Dreißigjährigen Krieg und zuletzt Ende des Zweiten Weltkriegs bei der Eroberung durch amerikanische Einheiten, als durch Beschuss und Bombardement zahlreiche Häuser zerstört wurden. Die St. Galluskirche am Ortsrand diente lange als Fluchtburg: Sie war von einer mehrere Meter hohen Mauer samt Wehrgang und Schießscharten umgeben. Die Wehrmauer ist verschwunden, von der alten Kirche ist nur der gotische Chor geblieben. Turm und Schiff wurden Ende des 19. Jahrhunderts neu gebaut.

UPFINGEN

Mit ihrer Größe und kostbaren Ausstattung ist sie sehr ungewöhnlich für ein Albdorf wie Upfingen: die Marienkirche, ein gotischer Bau aus dem Jahr 1448. Sie wurde jedoch nicht nur für den Ort, sondern auch als Wallfahrtskirche gebaut. Aus der Erbauungszeit der Kirche stammt das Bild an der Südwand, ein mehr als vier Meter hoher Christophorus. An der Nordwand ist eine Schutzmantelmadonna zu sehen.

Seite an Seite mit der Marienkirche stand seit 1694 ein weiteres ortsbildprägendes Bauwerk, das Upfinger Rathaus. Nur ein schmaler Durchgang trennte die beiden Gebäude. Nach kontroversen Diskussionen mit dem Denkmalschutz wurde das Rathaus 1980 abgerissen, um Platz zu schaffen – für den Autoverkehr auf der Durchgangsstraße, aber auch für einen Dorfplatz um Kirche und Backhaus.

Raum für die Ortschaftsverwaltung entstand in einem historischen Bauernhaus und Dorfgemeinschaftshaus auf der anderen Straßenseite. Unter Denkmalschutz steht das frühere Schulhaus in der Kirchgasse, ein repräsentativer Bau aus dem Jahr 1849 mit einem von Säulen flankierten Eingang.

Für den Wintersport in der Region ist der Skilift Beiwald eine erste Adresse. Die Schlepplifte liegen am schneesicheren Nordhang zwischen Sirchingen und Gächingen. Im Wintersportmuseum beim Skiliftstüble sind Skier und Schlitten aus den Jahren 1900 bis 1960 zu bestaunen, gesammelt von Karl Müller, dem Erbauer des Lifts. Neuerdings gibt es auch einen Raum für »Youngtimer«, also Skier und Snowboards aus den Jahren 1975 bis 1995.

BLEICHSTETTEN

Ein Geschenk: So taucht Bleichstetten erstmals in einer Urkunde auf. Sie besiegelte die Übergabe des Dorfes von Eberhard von Metzingen ans Kloster Allerheiligen in Schaffhausen – Eberhards Sohn war dort Abt, das erklärt die großzügige Gabe an das weit entfernte Haus. Was im Jahr 1102 verschenkt und knapp dreihundert Jahre später vom Kloster wieder verkauft wurde, waren neun Höfe mit den dazugehörigen Familien, zusammengedrängt um Anger und Kirche.

Die Kirche im historischen Ortskern wurde 1950 wegen Einsturzgefahr gesperrt und ein Jahr später abgebrochen. Nur der 1710 auf den mittelalterlichen Kirchturm gebaute Fachwerkaufsatz hat glücklich überlebt: als Turmatelier eines Künstlerhauses im Neubaugebiet Sonnenhalde. Ihr neues Gotteshaus haben die Bleichstettener nicht mehr in den engen Talkessel gesetzt, sondern auf die Höhe darüber. Für damals rund 100 000 Mark entstand 1952/53 die Christuskirche. Auf dem Grundstück der alten Kirche wurde ein Back- und Waschhaus gebaut, in dem heute die Heimatstube untergebracht ist.

Im oberen Dorfteil war im 19. Jahrhundert bereits der Friedhof angelegt worden. Und 1927 leistete der Ort sich dort einen repräsentativen Schulhausneubau samt Gemeindebad im Keller und Turmuhr auf dem Dach. Kein reiner Luxus: Turm und Glocken der Kirche im Unterdorf – damals wichtige Zeitgeber – waren von vielen Feldern auf der Höhe aus weder zu sehen noch zu hören. Das denkmalgeschützte Gebäude ist als Dorfgemeinschafts- und Rathaus zu neuen Ehren gekommen.

WÜRTINGEN

Eine mit mehr als zweitausend Hektar außergewöhnlich große Markung und reichlich Wald: Das Dorf Würtingen war eines der »stattlichsten im Oberamt«, wie es in einer alten Beschreibung heißt. Wohlhabend war ganz bestimmt auch das Ehepaar, das sich im Jahr 1774 in der Mitte des Marktfleckens an einen imposanten Neubau wagte: ein Bauern- und Wirtshaus, mit vier Stockwerken und Bühne sowie einer 14 Fenster breiten Fachwerkfassade. »Bauen ist ein schöner Lust, hat viel gekost, habs nicht gewusst«, steht auf einer Steinplatte in der Hauswand. Zwischen 2006 und 2008 mit Sorgfalt saniert, ist das Haus heute repräsentativer Sitz der Gemeindeverwaltung. Das alte Schulhaus nebenan entstand 1911.

Die meisten früheren Einrichtungen des florierenden Bauerndorfs Würtingen sind Geschichte: die Molkerei, die Getreidemühle, der Farrenstall. Die heutige Andreaskirche wurde Mitte des 18. Jahrhunderts gebaut. Der romanische Chorturm, die Emporenbilder und der Taufstein stammen noch aus der alten Kirche.

Der Gestütshof St. Johann und der Fohlenhof gehören zum Haupt- und Landgestüt Marbach. Im 17. Jahrhundert wurden die ersten herzoglichen Fohlenställe errichtet. Namensgebend für die Gesamtgemeinde war eine frühere Wallfahrtskirche.

Der Gestütshof ist ein sehr beliebtes Ausflugsziel, auch als Ausgangspunkt für Wanderungen. Vor hundert Jahren wurde der Aussichtsturm Hohe Warte gebaut, der ganz in der Nähe liegt. Er ist immer geöffnet.

OHNASTETTEN

Ohnastetten gehörte im ausgehenden 18. Jahrhundert zu den ärmsten Pfarrgemeinden im Land. Deshalb wurde das Dorf ausgewählt für eine Schenkung der Franziska von Hohenheim, der zweiten Frau des württembergischen Herzogs Carl Eugen: Die fromme Landesfürstin stiftete einen Büchergrundstock, um auch in armen Gemeinden die Bildung der örtlichen Pfarrer zu fördern. 1786 wurden die ersten Bücher angeschafft, 1922 die letzten. Dann erlosch das Stiftungskapital mit der Währungsreform. Mittlerweile wissenschaftlich katalogisiert, wird die Franziska-Bibliothek bis heute im Ohnastetter Gemeindehaus verwahrt. Mit ihren 384 Bänden ist sie ein besonderer Schatz – inzwischen nicht mehr als literarischer Werkzeugkasten für den Ortspfarrer, sondern als Quelle für kultur- und kirchengeschichtliche Forschungen.

Die kleine Kirche neben dem Gemeindehaus mit ihrem schieferverkleideten Türmchen entstand 1763 an der Stelle einer Kapelle aus dem 15. Jahrhundert. In ihrem Inneren hängen einander zwei Schutzpatrone friedlich gegenüber: Pankratius und Mauritius. Der heilige Mauritius, dem die Kapelle ursprünglich geweiht war, durfte bleiben, obwohl mit der Erhebung zur Pfarrkirche der heilige Pankratius als Namensgeber in Ohnastetten einzog.

Auf der anderen Straßenseite steht das zweite ortsbildprägende Gebäude im kleinsten St. Johanner Ortsteil, das mächtige Schul- und Rathaus mit seinem Tuffsteingiebel, das saniert werden und eine Backstube bekommen soll. Das benachbarte Bürgerhaus ist jetzt schon ein viel genutzter Treffpunkt in der Dorfmitte.

LONSINGEN

Zum Schluss galt es nur noch als Verkehrshindernis: Lonsingens altehrwürdiges Kirchlein aus dem Jahr 1449 wurde 1972 abgebrochen, um mehr Platz für die Durchgangsstraße zu schaffen. Auch ein benachbartes Bauernhaus musste weichen. Bereits zwei Jahre vor dem Abriss der historischen Kapelle hatten die evangelischen Lonsinger ihre neue Auferstehungskirche an der Kirchbergstraße in Besitz genommen.

Wohl bereits in früher alemannischer Zeit ist das Dorf in der fruchtbaren Talmulde am Fuß des Kirchbergs gegründet worden. 1268 wurde es als Longesingen zum ersten Mal erwähnt, als das Frauenkloster in Offenhausen hier einen Hof geschenkt bekam. Lonsingen gehörte zum Kirchspiel mit dem Hauptort Gächingen und wurde schon im 13. Jahrhundert Teil der Herrschaft Württemberg. Im Dreißigjährigen Krieg wurde das Dorf komplett zerstört.

Lonsingens Wahrzeichen stammt aus einer Zeit, in der die Versorgung mit Trinkwasser eine der größten Herausforderungen für die bäuerliche Bevölkerung auf der Albhochfläche war. Der kreisrunde Rossbrunnen – sechs Meter tief, zwölf Meter im Durchmesser – ist komplett mit Schöpfgalgen und Viehtränke erhalten. Er war der größte von ursprünglich fünf Brunnen im Ort.

Ganz oben auf der Kuppe des Lonsinger Kirchbergs liegt wie ein Dorf über dem Dorf die Zentrale der Deutschen Indianer Pionier Mission, eines evangelikalen Missionswerks, das vor allem in Brasilien und Paraguay tätig ist, aber auch in Deutschland Zeltevangelisationen, Bibelwochen und Freizeiten durchführt.

GÄCHINGEN

Geschützt gelegen in einer Mulde zwischen Kirchberg, Eichberg und Heuberg, direkt an der Quelle der Kleinen Lauter: Diese Vorzüge Gächingens haben schon die Alemannen zu schätzen gewusst. In den 1960er Jahren brachten Grabungen die Fundamente einer karolingischen Kapelle aus dem 8. oder 9. Jahrhundert ans Licht.

Aus dem 11. Jahrhundert stammt die Georgskirche, eine wuchtige romanische Wehrkirche, hinter einer Mauer geschützt. Teile des heutigen Baus – der Kirchturm mit seinem weit herabgezogenen Spitzhelm, die Nordmauer mit ihren Schießschartenfenstern – haben aus dieser Zeit überdauert. Umgebaut und erweitert wurde die Georgskirche im frühen 17. Jahrhundert. Sie war über Jahrhunderte hinweg Mittelpunkt des Kirchspiels (im Volksmund: Kispel), eines Zusammenschlusses mehrerer Pfarrsprengel. Das Kirchspiel hatte ebenso Bedeutung als Verwaltungs- und Gerichtsbezirk. Über die Jahrhunderte gab es Änderungen der Kirchspielbezirke. Seit Anfang 2022 bildet Gächingen mit fünf weiteren Orten die evangelische Verbundkirchengemeinde Kispel.

Die berühmte Gächinger Kantorei, von Helmuth Rilling 1954 an der Georgskirche gegründet, trägt seit Jahrzehnten den Namen des Dorfes in alle Welt.

Aus der bäuerlich geprägten Vergangenheit Gächingens haben sich markante Gebäude erhalten, etwa das Brunnenhaus, das immer noch den Brunnen vor dem Dorfgemeinschaftshaus speist, das Backhaus, das wenige Jahre später entstandene Rathaus mit seinen Tuffsteinarkaden und seinem Glockentürmchen, das alte Schulhaus.

KOHLSTETTEN

Kohlstetten war immer der kleinste der Engstinger Ortsteile – aber nicht zugleich der unbedeutendste. Jahrhundertelang war das Dorf Sitz des Pfarrers, der auch Kleinengstingen mitversorgte. Die bei Renovierungsarbeiten in den 1960er Jahren in der Marienkirche entdeckten Fresken zeigen, dass hier im 15. Jahrhundert eine stattliche Kirche stand, ein ganzes Stück größer als die heutige. Kohlstetten war im frühen 20. Jahrhundert auch Sitz eines repräsentativ untergebrachten »Königlichen Forstamts«, das in seiner Funktion bis zur Forstreform 1998 Bestand hatte.

Die Marienkirche mit ihrem Friedhof, dessen Gräber alle auf den Altar ausgerichtet sind, ist das Zentrum des Dorfes. Das benachbarte Pfarrhaus mit seiner historischen Pfarrscheuer zeigt, dass die Landwirtschaft für sämtliche Einwohner bis hin zum Seelsorger existenzsichernd war. Sonst lebte Kohlstetten von der namensgebenden Köhlerei und dem Holzhandel, vom Handwerk und von der Pferdezucht, für die das Dorf bekannt war. Die Eröffnung des Kohlstetter Bahnhofs 1893 rückte dann auch die Fabriken des Echaztals in erreichbare Nähe.

Das Bahnhofsgebäude ist seit 2018 mustergültig saniert. Mit einem ehrenamtlich betriebenen Lebensmittel-Laden haben sich die Kohlstetter ein Stück Infrastruktur zurückgeholt, um das sie viele Dörfer beneiden. Und die Köhlerei lebt im Namen des Musikvereins – Köhlermusikanten – und in einem jährlichen Traditionsfest weiter.

GROSS-ENGSTINGEN

Der Steinbock im Wappen, die Churstraße: Beides erinnert daran, dass der Bischof von Chur bereits ab etwa 900 Güter hier erwarb und bis 1717 die weltliche Herrschaft innehatte. Großengstingen blieb damit anders als Kleinengstingen katholisch. Von der Schlossanlage der früheren Lehensherren in der Dorfmitte bei der Kirche St. Martin hat sich kaum mehr als der Name Schlosshof erhalten. Das Gebäude wurde ab 1766 abgebrochen und Stein für Stein verkauft.

Einen großen Entwicklungsschub brachte Anfang des 20. Jahrhunderts der Bau der Eisenbahnstrecke nach Gammertingen, mit dem sich im früheren Bauern- und Handwerkerdorf die ersten Gewerbebetriebe ansiedelten. Noch folgenreicher war in den 1950er Jahren die Entscheidung, Großengstingen zum Bundeswehrstandort zu machen. Im Bereich der früheren Munitionsanstalt Haid entstand die Eberhard-Finckh-Kaserne. Und für die Familien der Soldaten wurde im Ort ein separates Viertel geschaffen, die Siedlung Berg. Innerhalb von wenigen Jahren hatte sich Großengstingens Einwohnerzahl mehr als verdoppelt.

Nur noch Erinnerung sind die Zeiten Anfang der 1980er Jahre, als Großengstingen bundesweit bekannt wurde: als Ort des Protests und der Sitzblockaden gegen die im Lager Golf auf der Haid stationierten US-amerikanischen Atomwaffen.

Der Abzug der Bundeswehr in den frühen 1990er Jahren hat trotz anderslautender Befürchtungen Großengstingens Entwicklung nicht geschadet. Die frühere Kaserne auf der Haid hat sich nach schwierigen Anfangsjahren zum florierenden interkommunalen Gewerbepark entwickelt.

KLEIN-ENGSTINGEN

Bis zum Ende des 15. Jahrhunderts sprechen die schriftlichen Quellen meist nur von Engstingen, es gab ursprünglich wohl eine gemeinsame Markung. Dennoch haben die beiden Nachbarn sich ganz unterschiedlich entwickelt. Großengstingen blieb katholisch, Kleinengstingen kam früh zu Württemberg und wurde evangelisch.

Das Geld für den Bau der evangelischen Blasiuskirche musste die Gemeinde 1770/1771 selbst aufbringen. Verbaut wurden Steine aus dem Abbruch des Großengstinger Schlosses.

1580 wurde eine Mineralwasserquelle gefunden, der Sauerbrunnen. Die Bezeichnung verweist auf den hohen Kohlendioxidgehalt. Calcium, Magnesium und Sulfat halfen gegen viele Beschwerden, das Wasser wurde im weiten Umkreis verkauft. Die Äbte in Zwiefalten bekamen es in Krügen geliefert. Auf der wasserarmen Alb gibt es nur diese eine Mineralquelle.

Heute ist die Lage an der viel befahrenen B 312, der Verbindung zwischen Stuttgart und Oberland, für viele Kleinengstinger eine Belastung. In früheren Jahrhunderten bedeutete sie eine Erwerbsmöglichkeit. Kleinengstingen war Poststation, hier kam jeder durch, der vom Unterland nach Friedrichshafen reiste. Um die Frachtfuhrwerke auf dem steilen Weg vom Echaztal auf die Alb zu unterstützen, halfen die Kleinengstinger Bauern mit Zugpferden aus.

Mit dem Bau der Bahnstrecke zwischen Honau und Münsingen – 1893 fertiggestellt – kam dieser Erwerbszweig zum Erliegen. Andere Verdienstmöglichkeiten wurden gefunden: Die Kleinengstinger pendelten zu den Baumwollspinnereien im Tal.

GENKINGEN

Das Rathaus hat alles überdauert: vom Dreißigjährigen Krieg bis zum Beschuss Genkingens in den letzten Tagen des Zweiten Weltkriegs, als erbittert um den Albaufstieg gekämpft wurde und nach Tieffliegerangriffen rund fünfzig Häuser niederbrannten. Es überstand schließlich auch die Modernisierungswut in den späten 1970er Jahren, der es um ein Haar zum Opfer gefallen wäre. Der Denkmalschutz setzte sich durch und rettete das Gebäude, das abgesehen vom mittelalterlichen Turm der Michaelskirche das älteste des Dorfes ist.

So steht Genkingens Rathaus seit rund 500 Jahren buchstäblich mittendrin – in der Kreuzung dreier Straßen.

Vier Quellen spendeten Wasser, und die Wiesaz mit der zu Genkingen gehörenden Talmühle war nah. Gleich drei Burgen wurden hier zu verschiedenen Zeiten gebaut. Später war Reutlingen Zufluchtsort in Kriegszeiten und Absatzgebiet für Holz oder landwirtschaftliche Produkte im Frieden. Nachdem 1859 die Gönninger Steige ausgebaut worden war, ging es deutlich bergauf. Die Stuhlsteige nach Pfullingen entstand erst sechzig Jahre später.

In den ersten Jahren des 20. Jahrhunderts wurde die Straße in Richtung Traifelberg zum Bahnhof Lichtenstein ausgebaut. Der Eisenbahnanschluss hat den frühen Tourismus befördert. Zum Nebelhöhlenfest an Pfingsten – 1803 nach einem Besuch des Kurfürsten und späteren Königs Friedrich I. begründet – reisten die Besucher in Sonderzügen an. 30 000 bis 40 000 sollen es in den besten Festjahren gewesen sein.

UNDINGEN

Die Umrisse von Grubenhäusern und Keramikscherben – was erst 2021 bei der Erschließung eines Baugebiets ans Licht gekommen und dokumentiert worden ist, beweist: Wo heute Undingen liegt, siedelten Menschen schon vor über dreitausend Jahren. Offenbar war gut leben in dieser Landschaft aus Kuppen und Trockentälern, auch wenn es Wasser nicht im Überfluss gab.

Auch die Geschichte des heutigen Undingen reicht weit zurück, in die frühe Zeit der alemannischen Siedlungsgründungen. Die älteste Urkunde, auf der Undingens Name geschrieben steht, stammt aus dem Jahr 806 – ein frommer Mann schenkte dem Kloster St. Gallen seinen Besitz im Dorf. Wichtiger noch für die Entwicklung des Ortes war ein anderes Kloster, Zwiefalten, das bis ins 18. Jahrhundert hinein der größte Grundbesitzer in Undingen war. Die Abgaben der Klostergüter wurden in einer eigenen Zehntscheuer gesammelt.

Im Sockel des Kirchturms wurden bei Sanierungsarbeiten Fresken aus dem frühen 15. Jahrhundert gefunden. Mehrmals wurde die Kirche umgebaut und erweitert, zuletzt 1960. Oberhalb der Kirche liegt ortsbildprägend das Johann-Martin-Flad-Haus, das evangelische Gemeindezentrum in der alten Schule, benannt nach einem aus Undingen stammenden Missionar. Die Windmühle auf der gegenüberliegenden Kuppe, dem Quartbühl, ist dagegen Geschichte. Sonnenbühls weltliche Mitte, das Rathaus, wurde 1993 an einer zentralen Kreuzung neu gebaut. Von dort führen die Straßen nach Erpfingen, Genkingen und Willmandingen.

ERPFINGEN

Schon bevor Erpfingen von einer alemannischen Sippe gegründet wurde, gab es hier eine Siedlung: Die ältesten entdeckten Spuren stammen aus dem vierten vorchristlichen Jahrhundert. Erpfingens Vorläufer stand aber nicht dort, wo um Marktplatz, Rathaus und Kirche heute das dörfliche Zentrum liegt, sondern bei der Turn- und Festhalle an der Erpf. Noch bis ins Mittelalter war der Ort zweigeteilt – in Aufhofen bei der Kirche und Niederhofen bei der Unteren Wässere im Westen. Beide Siedlungen hatten jeweils ihren eigenen Burgherrn. Niederhofen gehörte zu den Herren von Salmendingen, die auf Hohenerpfingen saßen. In Aufhofen regierten die Schenken von Erpfingen in ihrer eigenen Burg im Ort. Im Dreißigjährigen Krieg verschwand der westliche Dorfteil.

777 wurde das Dorf in einer Schenkungsurkunde des Klosters Lorsch erstmals erwähnt. Der Name der Naboriuskirche erinnert an einen römischen Soldaten, der Christ geworden war und im Jahr 300 enthauptet wurde. Er gehört zu den frühchristlichen Märtyrern. In den 1960ern wurde das Kirchenschiff abgerissen und durch einen Neubau ersetzt.

Dass das frühere Bauerndorf Erpfingen zu einem Touristenziel wurde, hat sich im Jahr 1949 entschieden. Damals wurde die Bärenhöhle entdeckt, die spektakuläre Fortsetzung der bereits seit 1834 bekannten Karlshöhle. Die Besucherzahlen schossen in die Höhe, und mit ihnen wuchs in den folgenden Jahrzehnten die touristische Infrastruktur: das Feriendorf Sonnenmatte, die Jugendherberge, das Haus des Gastes, für Kinder der Freizeitpark Traumland. Das Osterei-Museum feiert 2023 sein 30-jähriges Bestehen.

WILLMANDINGEN

Nicht nur eine unscheinbare Kapelle, sondern gleich eine ordentliche Basilika ließ der Adelige Ruothaus in Willmandingen bauen. Mit dieser ersten christlichen Kirche in weitem Umkreis, 772 gestiftet, tritt auch das Dorf zum ersten Mal ins Licht dokumentierter Geschichte. Dem heiligen Gallus war die Basilika geweiht, eine Urkunde im St. Gallener Klosterarchiv berichtet darüber. Den mit dem Klostergründer Gallus verbundenen Bären führt Willmandingen noch heute im Wappen.

Die Namen der Willmandinger Hörigen, die zusammen mit Häusern, Höfen und der neuen Kirche ans Kloster verschenkt wurden und in der Urkunde allesamt genannt sind, deuten auf fränkischen Ursprung hin: Ahalagde, Tankrad und Ricarius.

An der Stelle der ersten fränkischen Kirche entstand in romanischer Zeit eine zweite, später auch eine dritte im frühgotischen Stil. Im Turm haben sich aus der Zeit von 1220 bis 1230 eindrucksvolle Wandmalereien von überregionaler Bedeutung erhalten. Nur wenige vergleichbare Darstellungen aus dieser Zeit haben in Schwaben überdauert. Das heutige Kirchenschiff aus rotem Backstein wurde nach Plänen des Stuttgarter Architekten Heinrich Dolmetsch 1903 gebaut.

Im 15. Jahrhundert ging das Dorf an Württemberg und war Sitz eines Unteramts – bis hinein ins 19. Jahrhundert. Die Willmandinger besserten ihre Einkünfte unter anderem mit der Leineweberei auf. Später war der Ort mit großen Strickereien ein lokales Zentrum der Textilindustrie. Heute dominiert im Gewerbegebiet am Ortsrand der Maschinenbau.

MÜNSINGER
ALB

GOMADINGEN

Zehn Meter hoch war das Aussichtsgerüst, in eine stattliche Buche hineingebaut. Die damals neu gegründete Albvereins-Ortsgruppe Gomadingen erschloss Wanderern und anderen Ausflüglern damit 1894 die atemberaubende Rundumsicht vom Sternberg. Ein Jahr zuvor war die Bahnstrecke von Honau über Kleinengstingen nach Münsingen fertiggestellt worden. Nicht nur die Wirtschaft profitierte, sondern auch der frühe Tourismus. 1905 wurde der erste Sternbergturm gebaut.

Viele Gomadingen-Besucher kommen heute auf dem Fahrrad: Der Lautertal-Radweg beginnt an der Quelle und führt den gesamten Fluss entlang bis zur Mündung in die Donau. Seit der Sanierung der etwa 500 Jahre alten Mühle und der benachbarten Mühlenscheuer besitzt Gomadingen eine sehr schöne Ortsmitte. Die Bäckerei, die in die Scheuer eingezogen ist, ist Gründungsmitglied der Erzeugergemeinschaft Albkorn, die schon seit 25 Jahren auf Regionalität und naturschonenden Anbau setzt.

Ein attraktiver Ort war die Gemeinde auf der sonst wasserarmen Alb schon immer. In der Bronze- und der Hallstattzeit hat es in der Nähe bedeutende Siedlungen gegeben. Die Römer bauten hier ein Kastell, die Alemannen bestatteten ihre Toten dort, wo heute noch der Friedhof liegt. Heute hat sich Gomadingen über das historische Zentrum auf dem Kirchberg hinaus auf ein Vielfaches seiner früheren Größe ausgedehnt. Gomadingen ist als Wohnort sehr gefragt. In der Umgebung gibt es viele Wacholderheiden, aus den Beeren werden Schnaps, Öl und Seife hergestellt.

OFFENHAUSEN

Ein Rathaus hat Offenhausen nicht. Denn der Gomadinger Teilort war in den letzten tausend Jahren nie eine eigenständige Gemeinde. Aber von 1262 bis zur Reformation bestand hier das Dominikanerinnen-Kloster St. Maria Gnadenzell. Die Vierflügelanlage mit Kreuzgang gibt es nicht mehr, nur die Klosterkirche ist geblieben.

Ab 1613 begann in Offenhausen die Pferdezucht. Wobei zuerst nicht edle Rösser, sondern Eselhengste in den Ställen standen, die zusammen mit geeigneten Pferdestuten im fürstlichen Maultiergestüt Zugtiere hervorzubringen hatten.

Die Glanzzeiten des Gestütshofs brachen Mitte des 18. Jahrhunderts mit Herzog Carl Eugen an. Denn Pferde wurden bis ins zwanzigste Jahrhundert hinein nicht nur von Bauern und Adeligen, sondern auch vom Militär in großer Zahl gebraucht. Offenhausen konnte sie liefern. Mit der 1893 entstandenen Bahnstrecke wurde auch eine Verladerampe für Pferde gebaut.

Heute ist Offenhausens Beitrag zur Pferdezucht viel weitreichender. Hier betreibt das Haupt- und Landgestüt Marbach eine EU-Besamungsstation, in der Hengste verschiedener Rassen Frisch- oder Tiefkühlsperma für Züchter im In- und Ausland produzieren.

Die Gestütswirtschaft, früher das stattliche Amtshaus des Stutenmeisters, wurde in den letzten Jahren aufwendig vom Land saniert. Zusammen mit dem Gestütsmuseum in der ehemaligen Klosterkirche, dem Kräuter- und Iris-Schaugarten, der Quelle der Großen Lauter und der Bahnstation am Fuß des Sternbergs macht sie Offenhausen zu einem beliebten Ausflugsziel.

DAPFEN

Eine Dorfmitte? Dapfen hatte keine. Von Anfang an bestand der Ort aus drei Teilen: dem Oberdorf an der gleichnamigen Straße, dem Unterdorf in der Lautertallage und dem Kirchdorf auf dem Berg. Das markante Ensemble aus Kirche, Pfarrhaus und historischem Schulhaus wird gerne »Kulturhügel« genannt.

Die Dreiteilung ist geblieben, auch wenn Dapfen gewachsen ist. Vor allem auf dem Berg. Im Tal haben die Dapfener schon früher nicht so gern gebaut, des Hochwassers wegen, das sich ab und zu einmal zur Jahrhundertflut auftürmte und im Winter 1849 sogar Brücken und einzelne Häuser mitriss.

Auch das Schulhaus bauten die Dapfener auf dem Kirchberg. Genauer: ihre Schulhäuser. Ein erstes Gebäude aus dem frühen 18. Jahrhundert wurde durch einen stattlichen Neubau ersetzt, in dem heute das Gemeindehaus der evangelischen Kirchengemeinde untergebracht ist. In den 1950er Jahren wurde auch dieses Schulhaus zu klein. Der damals hochmoderne Ersatz – mit Gemeindebad und öffentlicher Waschküche – entstand in unmittelbarer Nachbarschaft, wieder auf dem Berg. In den früheren Klassenzimmern organisiert die Gesamtgemeinde Gomadingen heute ihre Kleinkindbetreuung. Und die »Wäschkuche« ist ein Jugendclub.

Jahrhundertelang war die Martinskirche Pfarrkirche, doch jetzt wurde Dapfens eigene Pfarrstelle gestrichen. Unten im Tal hat der Ort aber einen Mittelpunkt bekommen: Auf dem Platz vor dem Backhaus und dem Feuerwehr- und Dorfgemeinschaftshaus treffen sich die Menschen zum Feiern.

MARBACH

Die aus Hufeisen geschmiedete Zahl 500 an der Straße erinnert daran: Die Geschichte des Haupt- und Landgestüts Marbach reicht bis ins Jahr 1514 zurück.

Mit seinen drei Gestütshöfen und vier Vorwerken ist es heute eine moderne Zuchtstätte für Sportpferde im In- und Ausland, mit einem Schwerpunkt auf Pferden für die Vielseitigkeitsreiterei. Es ist mit gut 40 Lehrstellen bundesweit größter Ausbildungsbetrieb für Pferdewirte. Marbach ist Heimat der Landesreit- und der Landesfahrschule mit jährlich Hunderten von Kursteilnehmern und Austragungsort für internationale Reitturniere. Hier ist auch der Sitz des landesweiten Kompetenzzentrums Pferd.

WASSERSTETTEN

Das Wasser der Lauter war Grundlage eines Erwerbszweigs, der den bescheiden lebenden Einheimischen bis in die Nachkriegszeit einen willkommenen Zuverdienst ermöglichte. Wanderschäfer aus weitem Umkreis machten hier auf dem Weg von der Winter- zur Sommerweide mit ihren Herden Station, um vor der Schur die Wolle der Tiere waschen zu lassen. Tausende von Schafen wurden in der »Schwemme« in der aufgestauten Lauter zuerst untergetaucht, um ihr Vlies gründlich einzuweichen. Einen Tag später wurden die Tiere im fließenden Wasser gesäubert. Mehrere Tage brauchte das dann saubere Fell zum Trocknen. Heute erinnert eine Bronzefigur an der Brücke über die Große Lauter an die Schafwäscher.

GRAFENECK

Das Schloss Grafeneck wurde im 16. Jahrhundert von Herzog Christoph von Württemberg erbaut und im 18. Jahrhundert von Herzog Carl Eugen erweitert. Die Samariterstiftung, die in Grafeneck Menschen mit geistigen Behinderungen und psychischen Erkrankungen eine Heimat gibt, hat das Schloss jetzt dem Verein Gedenkstätte Grafeneck kostenlos als Eigentum überlassen. Das Bildungs- und Dokumentationszentrum, das seit 1990 besteht, kann dort ausgebaut werden. 1940 wurden in Grafeneck über 10 000 kranke und behinderte Menschen ermordet. Grafeneck ist die meistbesuchte Gedenkstätte für die Opfer der sogenannten »Euthanasie«.

STEINGEBRONN

In den 1930er Jahren wurde die Landesstraße von Lichtenstein nach Münsingen gebaut. Mit der schnellen Anbindung Richtung Reutlingen und Münsingen waren die Voraussetzungen dafür geschaffen, dass das Dorf in folgenden Jahrzehnten nicht nur um mehrere Neubausiedlungen, sondern auch um ein Industriegebiet gewachsen ist. Zuvor war Steingebronn jahrhundertelang auf seine kleine Bergkuppe beschränkt, auf der erst eine Burg, später Kirche und Pfarrhaus entstanden.

MEHRSTETTEN

Nicht die Kriege der Vergangenheit, keine Feuersbrunst – eine verfehlte Planung des Landes hat in Mehrstetten Schäden hinterlassen. In den 1960er Jahren wurde die kleine Gemeinde vom Landwirtschaftsministerium zum »Musterdorf für Flurbereinigung« erkoren. Die Planungen sollten dann auf den gesamten ländlichen Raum übertragen werden. Attraktiv und modern sollte der Ort werden, was nach damaligem Verständnis hieß, ihn so städtisch wie möglich zu gestalten. Viele alte Gebäude wurden abgerissen, Bauernhöfe in die Landschaft ausgesiedelt, die Ortsdurchfahrt wurde überbreit ausgebaut, ein Wohngebiet weit außerhalb des Dorfes errichtet. Erst später setzte ein Umdenken bei den Behörden ein.

Die heute kleinste selbstständige Gemeinde im Landkreis Reutlingen entstand im frühen Mittelalter. Große Teile gehörten dem Adelsgeschlecht der Gundelfinger, wurden dann aber an das Haus Habsburg verkauft. Jahrhundertelang dauerte das Gerangel um Rechte und Besitz zwischen Österreich und Württemberg, bis das Dorf endgültig in das Herzogtum eingegliedert wurde. 1534 wurde es evangelisch.

Mehrstetten war ein stattliches Dorf, durfte im 19. Jahrhundert zwei Vieh- und Krämermärkte pro Jahr abhalten. Um 1900 reichte der Absatzmarkt der Molkerei bis nach Ulm. Mit dem Bahnhof Heutal bekam der Ort 1901 einen Anschluss an die Eisenbahn zwischen Münsingen und Schelklingen. Ein Heimatmuseum im ehemaligen Farrenstall dokumentiert das dörfliche Leben auf der Schwäbischen Alb im 19. Jahrhundert.

BERNLOCH

Das Dorf Bernloch entwickelte sich aus einem Klostergut: Die Prämonstratenser aus Weißenau erwarben hier ab etwa 1145 umfangreichen Besitz, den sie bis ins 13. Jahrhundert hinein mehrfach erweiterten. Auch eine Kapelle ließ das Kloster auf seinem Gutshof bauen. Der neue Name Bernloch – vielleicht für »Siedlung am Bärenwald« – taucht bereits 1165 auf. Das Kloster Weißenau war und blieb viele Jahrhunderte lang der größte Grundbesitzer vor Ort. Eine Pfarrei richtete das Kloster im 15. Jahrhundert ein.

Dennoch, die Ortsherrschaft hatten andere inne: Sie kam über die Achalm-Grafen schon früh an die damalige Grafschaft und das spätere Herzogtum Württemberg. Wie alle württembergischen Gemeinden ist Bernloch 1534 damit evangelisch geworden. Im Oberamt Urach fungierte der Ort eine Zeit lang als Unteramt. Eine gewisse Zentralfunktion besaß das Dorf des Weiteren durch seine Marktrechte und die Tatsache, dass es hier seit Mitte des 19. Jahrhunderts einen Arzt und eine Apotheke gab, die das gesamte Umland versorgten – Vorläufer des heutigen Gesundheitszentrums.

»Klosterhof« heißt immer noch Bernlochs ältester Teil, nicht weit weg von der Hüle, die sich als örtliches Wahrzeichen erhalten hat. Ähnliche Wasserstellen der Nachbardörfer wurden zugeschüttet. Den Hülenplatz dominiert die Fachwerk-Fassade des Dorfgemeinschaftshauses. Bernlochs Georgskirche entstand in der heutigen Form erst um 1930, als die bisherige Kirche aus dem 18. Jahrhundert nach einem Blitzschlag bis auf den Chor niederbrannte.

MEIDELSTETTEN

Die ehemalige Burg der adeligen Herren von Meidelstetten, auf einer Kuppe nördlich des Dorfes gelegen, war wohl nur ein paar Jahrzehnte lang bewohnt: Das Dorf kam schon im 13. Jahrhundert unter die Regentschaft der aufstrebenden Grafen von Württemberg, die als Ortsherren zwar das Sagen hatten, auf die vielen verschiedenen Grundbesitzer – von diversen Klöstern bis zu Trochtelfinger Bürgern – aber trotzdem Rücksicht nehmen mussten.

Kirchlich gehörte der Ort zur Pfarrei Trochtelfingen. Als Württemberg in seinem Dorf trotzdem die Reformation einführte, waren Konflikte unausweichlich. Die katholischen Herren von Trochtelfingen, die Grafen von Fürstenberg, leisteten Widerstand – allerdings vergeblich. Meidelstetten wurde evangelisch und Bernloch zugeschlagen. Als Gesamtkirchengemeinde sind die beiden Dörfer bis heute kirchlich eng verbunden. Meidelstettens Kirche ist im späten 18. Jahrhundert an der Stelle eines Vorgängerbaus entstanden. Älter noch als sie ist der benachbarte »Adler«, der schon 1738 erwähnt wurde und damit Hohensteins traditionsreichstes Gasthaus ist.

Das Rat- und Schulhaus von 1904 haben die Meidelstetter geopfert, um direkt neben der Otmarkirche mit ihrer Friedhofsmauer Platz für ein Gemeindehaus zu schaffen. Das Ensemble aus Alt und Neu bildet, zusammen mit dem Platz und der Grünanlage auf der anderen Straßenseite, eines der beiden Zentren im Ort. Ein weiterer Treffpunkt ist eine Straßenkurve weiter beim Feuerwehr- und Bürgerhaus gestaltet worden.

OBERSTETTEN

Es war eine kurze, aber intensive Beziehung zwischen Ort und Herrschaft: Die Adelsfamilie von Hohenstein, die im 12. Jahrhundert auch in der Zwiefalter Chronik als Wohltäter genannt wird, erbaute die nahegelegene Burg und stiftete die Kirche zum Heiligen Kreuz.

Während das Herzogtum Württemberg in den drei Nachbardörfern Meidelstetten, Bernloch und Ödenwaldstetten schon früh Einfluss gewann, war Oberstetten seit 1497 im Besitz des Klosters Zwiefalten. Bis zum Ende der Klosterherrschaft Anfang des 19. Jahrhunderts markierte Oberstetten die nördliche Grenze des kleinen kirchlichen Reiches und damit auch einen Außenposten an der Konfessionsgrenze. Unter der Herrschaft Zwiefaltens entstanden beim Ort zwei Kapellen. Und eine Glocke aus dem 15. Jahrhundert, die seit über zweihundert Jahren in Oberstettens Kirchturm schlägt, hing zuvor in der Klosterkirche.

Gegenüber der Kirche zum Heiligen Kreuz, auf der anderen Seite der Kirchstraße, hat heute eine muslimische Gemeinde ihr Gebetshaus – ein Zeichen dafür, dass sich das katholische Albdorf verändert hat.

Heute kommen in den größten Teilort der Gemeinde Hohenstein täglich mehr Berufspendler, als das Dorf Einwohner hat. Das aus einer Baustoffhandlung gewachsene Familienunternehmen Schwörer prägt seit 1956 die wirtschaftliche und soziale Entwicklung Oberstettens. Das mehrfach erweiterte Betriebsgelände des Fertighausunternehmens ist inzwischen kaum kleiner als das Dorf samt seiner Neubaugebiete.

ÖDENWALDSTETTEN

Der Ort Ödenwaldstetten zerfiel im Mittelalter in zwei Teile. Die beiden Hälften gehörten zwei Adelsfamilien, der Osten den Blankensteinern, der Westen den Herren von Hohenstein. Eine andere Zweiteilung machte dem Dorf im 16. und 17. Jahrhundert das Leben schwer: Die Ortsherrschaft war inzwischen an das expandierende Kloster Zwiefalten übergegangen, kirchliche Rechte und damit auch das Privileg, den Pfarrer einzusetzen, besaß aber das Herzogtum Württemberg. Um die Konfession der bäuerlichen Bevölkerung stritten weltliche und klösterliche Herrschaft lange und erbittert: Erst lange nach den württembergischen Gemeinden der Nachbarschaft wurde Ödenwaldstetten evangelisch, gegen den Willen der Einwohner, von denen viele noch jahrelang lieber zur Messe ins katholische Oberstetten gingen. Erst 1750, als das Dorf mit einem feierlichen Akt von Zwiefalten an Württemberg überging, war der ausdauernd schwelende Streit zu Ende.

Wo früher die Hüle lag, gibt es heute nur noch eine Grünfläche. Daneben steht das Bauernhausmuseum, das in zwei Wohnhäusern aus den Jahren um 1600 und 1830, in zahlreichen Nebengebäuden und Werkstätten dörfliches Leben vergangener Jahrhunderte dokumentiert. Die Nikolauskirche geht auf die Zeit der Gotik zurück, wie Reste von Wandmalereien zeigen. Sie wurde mehrfach erweitert und umgebaut. 2002 wurde ein neues, großes und schönes Rathaus errichtet: Die Fassade ist mit Platten aus Cannstatter Travertin verkleidet.

EGLINGEN

Der Kindergarten heißt »Schlössle«. Das Gebäude ist zusammen mit einem Stück Mauer der letzte Rest des ehemals standesgemäßen Sitzes der Herren von Eglingen, die etwa 200 Jahre hier residierten. Später gehörte das Schloss den Grafen von Grafeneck, dann ging es an die Familie von Speth über. Im frühen 19. Jahrhundert erwarb die inzwischen selbstständige Gemeinde das Eglinger Rittergut. Für das kleine Bauerndorf war diese Investition allerdings eine Nummer zu groß. Bereits wenige Jahre später musste Eglingen wieder verkaufen – Schloss und Gut gingen durch mehrere Hände, bis die Gemeinde das Schlossgebäude schließlich erwerben konnte, um hier ihr Schul- und Rathaus und ab 2001 ihren Kindergarten einzurichten.

Kirchlich stand Eglingen bereits seit Jahrhunderten auf eigenen Füßen. 1484 wurde die örtliche Kapelle zur Pfarrkirche erhoben und dem heiligen Wolfgang geweiht. Bis auf ein kurzes Zwischenspiel unter dem Württemberger Herzog Ulrich war und blieb das Dorf an der Konfessionsgrenze katholisch. Die Herren von Speth finanzierten 1775 einen Kirchenneubau im Barockstil. Er beherbergt eine wesentlich ältere Madonna aus der Zeit um 1500, die nach der Auflösung des Frauenklosters in Offenhausen nach Eglingen umgezogen war. St. Wolfgangs Glockenturm mit Zwiebelhaube wurde gleich zweimal gebaut: zum ersten Mal 1861, zum zweiten Mal 2003, als der ursprüngliche Turm wegen Einsturzgefahr abgetragen und neu errichtet werden musste.

RIETHEIM

Die Angabe »oben« oder »unten« spielt hier eine wichtige Rolle: Schon historisch war Rietheim geteilt. Zunächst wuchs der Ort vor allem unten, wo die frühere Hüle lag. Im Unterdorf gab es feuchte Wiesen. Vielleicht geht der Ortsname darauf zurück (Ried = Moor). Rietheims Entwicklungen der jüngeren Zeit haben sich dagegen oben abgespielt, wo sich das Dorf immer weiter in die Höhe schob.

Ein großes Gefälle prägt auch die Rietheimer Markung. Der höchste Punkt liegt bei fast 860 Metern, der niedrigste bei rund 540 Metern. Vom Aussichtspunkt Schwende schweift der Blick weit nach Osten und Süden, zum ehemaligen Truppenübungsplatz und über die Münsinger Alb. Auch Rietheims besondere Lage wird hier augenfällig: An den geschützten Hängen rund um Rietheim sieht man ausgedehnte Streuobstwiesen – wahrscheinlich die größten in ganz Münsingen. Um die Erhaltung dieses Natur- und Kulturerbes hat sich die Albvereins-Ortsgruppe verdient gemacht. Ihre Mosterei in der Ortsmitte ging im Jahr 2003 in Betrieb. Dort beginnt jetzt auch ein Obstbaumlehrpfad, auf dem man viel über die verschiedenen Sorten, die Erziehung von Obstgehölzen oder die Funktion einer Streuobstwiese für den Artenschutz erfahren kann.

In der Ortsmitte errichteten die Rietheimer 1768 auch ihre Kirche, Ersatz für eine Kapelle von 1561 am früheren Friedhof, die in der Folge abgebrochen wurde. Kirchlich gehörte das Dorf damals zu Seeburg, heute bildet es zusammen mit Dottingen eine Kirchengemeinde.

MÜNSINGEN

Wie das historische Münsingen ausgesehen hat, ist dem Stadtbild noch deutlich abzulesen: ein ziemlich perfektes ummauertes Quadrat. Und wo früher die Haupteingänge waren, verraten heute noch die Straßennamen »Beim oberen Tor« und »Beim unteren Tor«. Reste der alten Stadtmauer finden sich an einigen Stellen. Und von den Gebäuden aus Münsingens erster Blütezeit im 15. Jahrhundert haben sich die wichtigsten erhalten: die Martinskirche mit ihrem kunstvollen Chor, das Alte Schloss, das allerdings mehr Fruchtkasten als Prunkbau war. Viele weitere historische Gebäude, etwa die heute als Bürgerhaus genutzte Zehntscheuer, stammen aus der Zeit nach dem großen Stadtbrand von 1671.

Ins späte 15. Jahrhundert fällt auch ein Ereignis, das Münsingen in der Landesgeschichte eine gewisse Bedeutung verschafft: die Unterzeichnung des Münsinger Vertrags von 1482, der die vierzig Jahre andauernde Teilung Württembergs beendete. Das klingt harmonischer, als es tatsächlich war. Die beiden Vertragspartner, Graf Eberhard im Bart und sein gleichnamiger jüngerer Vetter, hörten deshalb nicht auf, um Privilegien und Nachfolgerechte zu rivalisieren. Aber Württemberg – damals Grafschaft, wenig später Herzogtum – war und blieb eins.

In der Verwaltungsstruktur dieses Württemberg nahm Münsingen in den folgenden Jahrhunderten eine für seine geringe Größe beachtliche Rolle ein: als Amtsstadt, Sitz eines flächenstarken Oberamts, später auch Kreisstadt. Etwas von dieser Bedeutung lebte nach der Verwaltungsreform weiter,

als Münsingen einige Kreisbehörden, sein Amtsgericht und sein Kreiskrankenhaus behielt. Auch als Schul- und Bildungsstandort spielt die Stadt eine wichtige Rolle.

Münsingen und Militär: Dieser Zweiklang dominierte die Stadtgeschichte im gesamten 20. Jahrhundert. 1895 richtete das Königreich Württemberg hier einen Truppenübungsplatz ein, wenige Jahre nach Fertigstellung der Bahnlinie in Richtung Reutlingen. Als Truppenunterkunft und Soldatenstadt wurde das Alte Lager in Auingen gebaut, am Stadtrand entstand das Neue Lager, die spätere Herzog-Albrecht-Kaserne. Münsingens Bild im Südwesten wurde im Wesentlichen von den Soldaten geprägt, die hier ihren Dienst abgeleistet hatten oder zum Manöver auf die raue Alb gekommen waren.

Den Ruf einer Garnisonsstadt hat Münsingen gründlich abgelegt. Dafür hat die Kommune alle Chancen genutzt, die sich durch den Abzug der Bundeswehr und die Auflösung des Truppenübungsplatzes ergaben. Die frühere Kaserne wurde zum Wohnpark, das Militärgelände zum Naturparadies und zum Mittelpunkt des Biosphärengebiets Schwäbische Alb. Heute tragen Ausflügler, Urlauber und die vielen Nachhaltigkeits-Projekte des Biosphärengebiets ein ganz anderes Münsingen-Bild in die Welt.

Nicht nur an Einwohnern hat das Mittelzentrum auf der Alb in den vergangenen Jahrzehnten deutlich zugelegt, sondern auch an Wirtschaftskraft. Unternehmen aus dem Ballungsraum zogen hierher oder verlagerten Teile ihrer Produktion auf die Alb. Das Industriegebiet dehnt sich immer weiter aus.

DOTTINGEN

Der 866 Meter hohe Berg Buchhalde gehört zu Dottingen. Von dort kann man bei gutem Wetter die Alpen sehen. In der Nähe haben Neubaugebiete Dottingen zu Münsingens zweitgrößtem Stadtteil gemacht.

Ein bevorzugter Wohnort war Dottingen offenbar bereits in vor- und frühgeschichtlicher Zeit. Eine Grabhügel-Anlage in der Nähe wurde eineinhalb Jahrtausende lang genutzt, und auch aus römischer Zeit wurden Überreste dokumentiert. Das Dorf gehört zu den frühen alemannischen Gründungen, wurde allerdings erst im 14. Jahrhundert urkundlich erwähnt.

Damals gehörte der Ort der weit verzweigten Adelsfamilie Speth aus dem benachbarten Steingebronn. Zwei Herren von Speth stritten sich im 16. Jahrhundert um die Ortsherrschaft, einigten sich dann aber schließlich in einem Vergleich. Zweihundert Jahre später – inzwischen hatte das Herzogtum Württemberg die beiden Teile Dottingens an sich gebracht – gab es Konflikte um die Verteilung des Ackerlands. Mit den eingesessenen Bauern kämpften landlose Tagelöhner um die knappen Flächen. Auch kirchlich war Dottingen lange Zeit zweigeteilt: Eine Hälfte gehörte zu Steingebronn, eine zu Münsingen. 1938 wurde der Pfarrsitz von Steingebronn nach Dottingen verlegt. Die spätgotische Kirche in der Dorfmitte stammt aus dem Jahr 1606.

Eine geologische Besonderheit Dottingens gewann im späten 19. Jahrhundert wirtschaftliche Bedeutung: Am Eisenrüttel wurde von 1880 bis 1900 im Schlot eines früheren Vulkans Basalt abgebaut.

TRAILFINGEN

Aus Trailfingens weit zurückreichender Geschichte – das älteste Dokument mit Nennung des Dorfes stammt aus dem Jahr 770 – haben sich viele Überreste erhalten. An erster Stelle die Andreaskirche, die noch heute inmitten ihrer Wehrmauern steht. Der schlichte Kirchturm beinhaltet Reste einer romanischen Kapelle. An den gotischen Chor aus dem 15. Jahrhundert fügt sich inzwischen ein Kirchenschiff im Jugendstil an.

Heute gehört Trailfingen zur evangelischen Gesamtkirchengemeinde Münsingen. Früher, bis zur Räumung Gruorns, war der Ort ein Filial des Nachbardorfs. Die Zehntscheuer und ein Wohnhaus gegenüber der Kirche gehören zu den wenigen Gebäuden, die noch aus der Zeit vor dem großen Dorfbrand 1642 während des Dreißigjährigen Krieges stammen.

Weniger gut zu fassen sind andere Zeugnisse der Ortsgeschichte. Die Trailfinger Schanz etwa, eine Hügelfestung über dem Ort, in der die keltische Bevölkerung der Hallstattzeit wahrscheinlich Schutz gesucht hat. Oder die Thinggasse, die an eine alte Gerichtsstätte erinnert.

Das frühere Haufendorf Trailfingen ist zuerst entlang der Straßen ins Ermstal und nach Münsingen gewachsen. Erst in jüngerer Zeit kam ein größeres Neubaugebiet im Norden hinzu: Seit auf der nahegelegenen Schießbahn des früheren Truppenübungsplatzes Ruhe herrscht, wurde Trailfingen zum beliebten Wohnort. Zahlreiche Obstbaumwiesen sind trotz der kräftigen Ausdehnung des Ortes erhalten geblieben. Es gibt eine Schäferei und einen Ziegenhof.

AUINGEN

Von einem Ortsschild zum anderen misst Auingen mehr als zwei Kilometer: Als klassisches Straßendorf hat sich der größte Münsinger Stadtteil weit in die Länge gestreckt. Erst in den letzten Jahrzehnten hat der Ort um die Mitte herum zugelegt. Mit Münsingen ist Auingen inzwischen zusammengewachsen.

Rund um Auingen wurden früher Flachs und Hanf angebaut. Der Flachs wurde am westlichen Ortsausgang geröstet. Im Dorf gab es viele Leineweber. Die Webstühle standen in Kellern auf gestampftem Lehmboden. Die Feuchtigkeit war nötig zur Verarbeitung des Garns, aber gefährlich für die Gesundheit.

Auingens eine Hälfte ist ein ganz normales Dorf, das bereits 770 urkundlich erwähnt wurde und zu den ältesten Siedlungen auf der Alb gehört, mit der aufs Jahr 1360 zurückgehenden Pankratiuskirche, einem Schul- und Rathaus aus dem 18. Jahrhundert, einem Dorfplatz und einer Hauptstraße, die seit dem Bau der Ortsumgehung deutlich an Aufenthaltsqualität gewonnen hat. Auingens andere Hälfte entstand zu Beginn des 20. Jahrhunderts vor den Toren des Alten Lagers und bot auf, was zur Versorgung und Unterhaltung der dort stationierten Soldaten nötig war: sieben Gaststätten und Cafés, ein Hotel, eine Großbäckerei, eine Großschlächterei, eine Dampfwaschanstalt.

2005 ist das Militär in Münsingen abgezogen, und das inzwischen privatisierte Alte Lager wird zur Erlebniswelt »Albgut« umgestaltet. Seit 2010 ist am Eingang des Lagers das Biosphärenzentrum geöffnet, zentrale Infostelle und Verwaltungssitz des Biosphärengebiets Schwäbische Alb.

BÖTTINGEN

Der Rathausplatz markiert die heutige und die historische Mitte des schon im Jahr 961 zum ersten Mal genannten Orts. Hier befand sich die Hüle, die neben verschiedenen Quellen das Dorf mit Wasser versorgte. Das kreisförmig um die Dorflinde gebaute Gefallenendenkmal zeigt den ganz in der Nähe abgebauten »Böttinger Marmor« von seiner schönsten Seite: verschiedene Rottöne, dazwischen Weiß und Dunkelbraun. Herzog Carl Eugen erwarb den Steinbruch 1756, um die Treppenaufgänge und den Marmorsaal im Stuttgarter Neuen Schloss prächtig auszuschmücken. Das Gestein – eigentlich Thermalsinterkalk, kein Marmor – ist vor rund 14 Millionen Jahren im Zusammenspiel von Feuer und Wasser am Rand des Böttinger Vulkanschlots entstanden. Heute ist der Steinbruch geschlossen und steht unter besonderem Schutz.

Eine Kapelle St. Petrus wird bereits 1360 erwähnt. 1511 wurde sie durch einen Neubau ersetzt, wenige Jahre nachdem Böttingen selbstständige Pfarrei geworden war. Zuvor hatte das Dorf kirchlich zu Münsingen gehört. Die heutige Petruskirche wurde 1958 gebaut.

Die Einrichtung des Truppenübungsplatzes 1895 bedeutete einen gravierenden Einschnitt für Böttingen: Die Grenze des Militärgebiets rückte bis fast an den Ort heran. Vor allem verlor das Dorf lukrative Holz- und Weiderechte auf dem zusammen mit den Nachbarkommunen genutzten Münsinger Hardt. Seit der Auflösung des Truppenübungsplatzes ist der Sternenbergturm oberhalb Böttingens wieder öffentlich zugänglich.

GRUORN

Das aufs elfte Jahrhundert zurückgehende Gotteshaus steht noch. Zusammen mit dem benachbarten Schulhaus hat es die Räumung des Dorfes und seine Zweckentfremdung für die militärische Ausbildung überdauert.

Das einstmals stattliche Dorf Gruorn wurde in den späten 1930er Jahren der Erweiterung des Truppenübungsplatzes Münsingen geopfert, der damit seine endgültige Größe von rund 6700 Hektar erhielt. Die 665 Einwohner mussten ihre Heimat verlassen und wurden in andere Gemeinden umgesiedelt. Ihre Häuser verfielen oder wurden bei Übungen beschossen. Auch die Kirche war kaum mehr als eine Ruine, als sie in den 1970er Jahren gerettet und wieder aufgebaut wurde. Der mehr als fünfhundert Jahre alte Taufstein der Gruorner Stephanuskirche aus der Werkstatt des Baumeisters Peter von Koblenz steht in der Münsinger Martinskirche. Die Fresken aus dem 14. Jahrhundert schmücken inzwischen wieder die Gruorner Kirche.

Viele Jahre lang wurde das verlassene Dorf nur an Feiertagen im Frühling und Herbst lebendig, wenn die ehemaligen Bewohner zu Erinnerungstreffen zusammenkamen. Seit der Aufgabe des Truppenübungsplatzes 2005 ist Gruorn wieder erreichbar, allerdings nur für Wanderer und Radfahrer. Im Obergeschoss des ehemaligen Schulhauses dokumentiert ein Museum die Geschichte des Ortes, an Sonn- und Feiertagen gibt es Führungen, gelegentlich Veranstaltungen. Im Schulhaus öffnet eine saisonal betriebene Gaststube. Heute ist Gruorn auch ein beliebtes Ausflugsziel..

GUTSBEZIRK MÜNSINGEN

Ein Kulturdenkmal auf einer Fläche von 66 Quadratkilometern, mit fast 1300 wissenschaftlich dokumentierten Objekten aus 110 Jahren Militärgeschichte: Das ist der Truppenübungsplatz Münsingen, der seit 2005 nicht mehr militärisch genutzt wird und zwei Jahre später komplett unter Denkmalschutz gestellt wurde. Er war bei seiner Einrichtung 1895 einer der ersten modernen Übungsplätze des Deutschen Reiches, der Raum für Manöver mit neuen, weit reichenden Waffen bot. Gebäude und Infrastruktur der Gründungszeit haben sich hier in seltener Vollständigkeit erhalten, von den Beobachtungstürmen bis zum Fernmeldenetz.

Das gilt auch für das »Alte Lager«, die bereits seit 1996 denkmalgeschützte Barackensiedlung des Stuttgarter Architekten Karl Märklin, mit baumbestandenen Straßen, gemusterten Backsteinfassaden und Holzveranden, Krankengebäuden, Offizierskasino und Pferdeställen. Kein anderes Barackenlager aus der Kaiserzeit blieb so unverändert und komplett erhalten. Heute ist es in Privatbesitz und wurde zum »Albgut«, mit Manufakturen, Museen, Eventlocations, Messen und Besucherandrang an den Wochenenden.

Seit 2006 kann der Truppenübungsplatz auf wenigen freigegebenen Wegen erkundet werden. Die Hügellandschaft mit kleinen Wäldern bildet heute noch ein Zentrum der Schäferei in Württemberg. Deshalb hat sich eine Weidelandschaft erhalten, wie sie im 19. Jahrhundert auf der Alb üblich war. Die Türme bieten schöne Aussichten auf das Gelände und die Mittlere Schwäbische Alb.

MAGOLSHEIM

Die Straßennamen Schlossberg und Schlossweg gibt es noch. Sie führen auf die Stelle zu, wo im 13. oder 14. Jahrhundert die Burg der Magolsheimer Ortsherren entstand. Sie waren Truchsessen von Urach, nannten sich aber bald nach ihrer neuen Heimat. Zu ihrer Burg bauten sie einen Fruchtkasten, der – später mehrmals erweitert – heute noch steht. Der älteste Teil stammt aus dem Jahr 1320. Vom Herrensitz dagegen haben sich nur ein paar Umfassungsmauern erhalten. Auf dem Grundstück wurde 1753 ein stattliches Forsthaus gebaut.

Noch im 16. Jahrhundert hatte Württemberg nur in einem Drittel des Dorfes das Sagen. Zwei Drittel von Magolsheim gehörten den Herren von Stadion – und blieben katholisch, auch nachdem Württemberg in seinem Teil die Reformation eingeführt hatte. Seither existieren im Ort beide Konfessionen nebeneinander, nicht immer reibungslos, im Großen und Ganzen aber friedlich. Sogar die Kirche wurde gemeinschaftlich genutzt. Schulen allerdings gab es zwei, und auch in vielen anderen Lebensbereichen waren die Menschen auf Abgrenzung bedacht. So berichtet die Oberamtsbeschreibung von 1825 von »lutherischen« und »katholischen« Wiesen. Und davon, dass die lutherischen Frauen schwarze, die katholischen aber blaue Strümpfe trugen.

Als Magolsheims Kirche 1870 baufällig abgerissen wurde, bauten die beiden Kirchengemeinden je für sich. Die evangelische Dionysiuskirche steht in der südlichen, die katholische Kirche St. Dionysius in der nördlichen Hälfte des Dorfes.

BREMELAU

Bremelau war früher zweigeteilt. In einem Teil des Dorfes lebten in stattlichen Höfen die Bauern, die eigenes oder das Land ihrer Grundherren bewirtschafteten. Der andere Teil mit deutlich kleineren Häusern war die Heimat der Landlosen, der Tagelöhner oder kleinen Handwerker. Der Name ihrer Dorfhälfte, Schneckenhofen, war seit dem frühen 17. Jahrhundert bekannt.

Bremelau ist durch viele Hände und schließlich ans Prämonstratenserstift Marchtal gegangen, zusammen mit zwei Höfen, die an Stelle von Heudorf entstanden waren, einer Siedlung, die älter war als Bremelau selbst, aber wenige Jahrhunderte später verschwand. Die beiden Höfe wurden in einen barocken Klostergutshof, den Heuhof, umgewandelt. 1803 wurde das Stift Marchtal säkularisiert und Fürstensitz des Hauses Thurn und Taxis. Bremelau wurde vom Fürstenhaus mit übernommen. Ab 1806 hatte Württemberg die Landeshoheit, und Bremelau wurde Teil des Oberamts Münsingen. Kirchlich gehörte das Dorf zu Granheim, bis es 1812 Pfarrei wurde. Die katholische Kirche St. Otmar mit ihrem Zwiebelturm wurde 1747 auf Resten einer älteren Kirche gebaut.

Auf der ehemaligen Durchgangsstraße vor der Kirchhofmauer ist es deutlich ruhiger geworden, seit 2004 die Ortsumgehung freigegeben wurde, die die B 465 am Dorf vorbeiführt. Bremelaus Kreuzberg mit dem 1888 eingeweihten Kreuzweg samt Lourdeskapelle liegt seither auf der anderen Seite der Bundesstraße. Im Dorf gibt es eine Hofmolkerei, die die Milch von zwei Höfen verarbeitet und regional vermarktet.

APFELSTETTEN

Am Ende des Zweiten Weltkriegs wurde Apfelstetten zunächst übersehen: Die Alliierten besetzten das abseits der Durchgangsstraßen gelegene Dorf erst einige Tage nach seinen Nachbarn.

Dreihundert Jahre zuvor, während des Dreißigjährigen Kriegs, hatte Apfelstetten weniger Glück: Dreimal wurde der Ort gebrandschatzt und geplündert, am Ende war er menschenleer.

Einen großen Teil seiner Geschichte teilt Apfelstetten mit dem Lautertalort Hundersingen: Dessen Burg ist vom höher gelegenen Dorf nur ein kleines Stück entfernt. So gehörte auch Apfelstetten ursprünglich den Herren von Hundersingen. Die beiden Dörfer wechselten zusammen mehrmals den Besitzer, bevor sie schließlich Anfang des 16. Jahrhunderts an Württemberg fielen.

Die Siedlungsentwicklung hat Apfelstetten zweigeteilt. Zum historischen Ortskern, der sich auf einige mehr oder weniger steile Gassen am Hang beschränkte, kam in den 1960er Jahren ein ausgedehntes Neubaugebiet am Berg hinzu, erschlossen in Aussichts- und Südhanglage mit nach heutigem Maßstab riesigen Grundstücken. Von Apfelstettens höchsten Punkten aus reicht der Blick an klaren Tagen bis zu den Alpen.

Malerisch auf einem Bergsporn und am Ende einer Sackgasse liegt Apfelstettens Barbarakirche, die in der heutigen Form aus dem 17. Jahrhundert, im Kern aber aus romanischer Zeit stammt – Zeuge des hohen Alters dieses Dorfes. Das enge Trockental, an dessen Südflanke Apfelstetten entstand, führt hinab nach Buttenhausen und zur Lauter.

BUTTENHAUSEN

Auf der einen Talseite am Hang liegt die evangelische Michaelskirche, noch ein Stück höher der Friedhof, der anstelle der 1825 abgebrochenen Burg angelegt wurde. Reste der Festung stecken noch in der Friedhofsmauer. Nicht weit entfernt errichtete die Adelsfamilie von Weidenbach um 1816 ein klassizistisches Schloss. Heute ist dort ein Landheim der Reutlinger BruderhausDiakonie untergebracht.

Auf der anderen Hangseite, ebenfalls hoch über dem Tal, liegt der jüdische Friedhof, auf dem seit 1789 und bis in die 1930er Jahre die jüdischen Einwohner Buttenhausens bestattet wurden. Die Synagoge in der Mühlsteige ging im Pogrom 1938 in Flammen auf. Ein Gedenkstein erinnert an das frühere Gotteshaus. In Gewalt und Verfolgung endete, was Buttenhausen fast 150 Jahre lang kulturell ebenso wie wirtschaftlich bereichert hatte: das Miteinander jüdischer und christlicher Dorfbewohner.

Begonnen hatte es 1787 mit dem Judenschutzbrief, mit dem die Freiherren von Liebenstein die Ansiedlung jüdischer Neubürger in ihrem Dorf förderten. Ende des 19. Jahrhunderts lebten ebenso viele Juden wie Christen in Buttenhausen, und im Dorf blühten Handel und Gewerbe. Die Bernheimer'sche Realschule, gestiftet vom Münchner Kaufmann und Kunsthändler Lehmann Bernheimer, stand Kindern beider Religionen offen. Heute ist hier das jüdische Museum untergebracht. In der Mühlsteige findet sich noch eine weitere Erinnerungsstätte: das Geburtshaus des von Rechtsextremen ermordeten Politikers Matthias Erzberger.

HUNDERSINGEN

Ein Rudolf von Hundersingen hat es im 13. Jahrhundert an den Hof des Stauferkaisers Friedrich II. in Apulien geschafft, weit weg von seinem Sitz im Lautertal. Dort gab es in dieser Zeit zwei Burgen, das als Ruine erhaltene Hohenhundersingen und eine noch ältere Anlage auf der rechten Talseite. Auch das Dorf bestand damals noch aus zwei Teilen: Ober- und Unterhundersingen.

Mitte des 14. Jahrhunderts verkaufte der letzte bekannte Rudolf von Hundersingen seine Burg an Württemberg. Der Bergfried aus dem 13. Jahrhundert mit unregelmäßig geschichteten Buckelquadern ist gut erhalten.

BICHISHAUSEN

Das Zollhaus am Ortseingang erinnert an eine Grenze. Von 1627 bis 1806 gehörte Bichishausen zur Grafschaft – später dem Fürstentum – Fürstenberg. Hundersingen dagegen war württembergisch.

Froben Ferdinand Fürst zu Fürstenberg ließ 1736 die Kirche St. Gallus bauen, die mit Pfarrhaus und Scheuer ein malerisches Ensemble bildet. Die katholische Pfarrkirche versorgt heute neben Gundelfingen und Dürrenstetten auch die Katholiken in den evangelischen Nachbardörfern.

Die Burgruine Bichishausen wurde 1973 vom Landkreis Reutlingen erworben und renoviert. Vom oberen Burghof hat man einen wunderschönen Blick auf das Lautertal und den Ort Bichishausen.

GUNDELFINGEN

Gundelfingen lebte lange mit dem gleichnamigen, weit verzweigten Adelsgeschlecht, das auch überregional eine Rolle spielte. Der Ort bestand eigentlich aus zwei Dörfern: Niedergundelfingen und Hohengundelfingen mit Wittstaig, benannt nach den jeweiligen Herrschaftssitzen, jedes mit eigener Mühle und mit stattlicher Einwohnerzahl, die seit dem 19. Jahrhundert aber zurückging. Eine Pfarrkirche gab es nie. Die Michaelskapelle auf Niedergundelfingen entstand um 1700. Hohengundelfingen war die größte Burganlage, die im Lautertal von den Gundelfingern errichtet wurde.

DÜRRENSTETTEN

Die Burg Hohengundelfingen ist nur ein paar hundert Meter entfernt. Das Dorf war bis ins 19. Jahrhundert mit ihr verbunden. Es liegt zwischen Gundelfingen und Bremelau und wurde 1822 nach Gundelfingen eingemeindet. Die um 1700 entstandene Kapelle im Dorf ist Johannes dem Täufer geweiht. Nördlich vom Dorf findet man einen Grenzstein aus dem 17. Jahrhundert. Hier verlief die Grenze zwischen dem Herzogtum Württemberg und der Grafschaft – später dem Fürstentum – Fürstenberg.

ZWIEFALTER ALB UND TROCHTELFINGEN

HAYINGEN

Die Stadt Hayingen wurde im 13. Jahrhundert am Kreuzungspunkt zweier alter Heerstraßen gegründet. Viele Handwerker ließen sich hier nieder, die Märkte zogen Menschen aus der ganzen Umgebung an.

Heute noch ist der planmäßig angelegte mittelalterliche Grundriss mit seiner rechteckigen Gestalt zu erkennen, aufgeteilt in einen herrschaftlichen Teil im Norden und ein Bauern- und Handwerkerviertel im Süden. In der kleinen Stadt findet man ein Fülle von wunderschönen, sorgfältig sanierten Fachwerkhäusern, neben dem Rathaus, dem Alten Spital, der Zunftstube und dem Gasthof Adler gibt es noch viele weitere historische Gebäude. Eindrucksvoll ist auch der runde Kappenturm mit der alten Wehrmauer.

Gut dreihundert Jahre war Hayingen Sitz der reichsunmittelbaren Herrschaft der Freiherren von Gundelfingen, bis diese ausstarben. Ihr Wappen ist bis heute im Stadtwappen enthalten. 1546 ging die Herrschaft an die Grafen von Helfenstein über, 1676 an die Fürsten von Fürstenberg. 1806 wurde die Stadt württembergisch. Mitte des 19. Jahrhunderts kamen Schloss Ehrenfels und der Weiler Wimsen als Teilgemeinden zu Hayingen, bis sie im Jahr 1931 endgültig der Stadt angegliedert wurden.

Den Anstoß für die Gründung des berühmten Hayinger Naturtheaters, zunächst unter dem Dach des Schwäbischen Albvereins, gab die 700-Jahr-Feier der Stadt im Jahr 1947. Die Geschichte der Stadt und der Region wurde in schwäbischer Mundart von Laiendarstellern auf die Bühne gebracht. Das Theater wurde eine Institution und ein Besuchermagnet: Seit 1949 werden im Tiefental Mundart-Stücke produziert und inszeniert.

Dynamik brachte der wirtschaftliche Aufschwung der Nachkriegszeit, der in Hayingen unter anderem mit der Gründung eines Zweigwerks der Württembergischen Metallwarenfabrik (WMF) einsetzte.

Für Urlauber wurde 1981 das Feriendorf Lauterdörfle gebaut und später erweitert. Der Luftkurort zieht jedes Jahr viele Touristen an, die die Stadt und auch die vielen attraktiven Ziele ganz in der Nähe besuchen: Schloss Ehrenfels am Ende des Werfentals, das von 1734 bis 1740 als Sommersitz der Äbte von Zwiefalten errichtet wurde, die Wimsener Höhle mit Gasthof und Mühle, nur noch drei Kilometer von Zwiefalten entfernt, und natürlich das Lautertal mit seinen zahlreichen Burgruinen.

EHESTETTEN

Ein Bauernort, ein Ritterdorf: In Ehestetten hatte über mehr als vier Jahrhunderte und bis zur Übernahme durch Württemberg im Jahr 1805 das einflussreiche Adelsgeschlecht derer von Speth das Sagen. Mit ihren Ortsherren – wechselweise Lehensleute, Amtsträger und Feinde der Herren von Württemberg – steuerten die Ehestetter durch unruhige Zeiten. Doch nicht nur zwischen den Adelshäusern gab es Spannungen. Im 17. Jahrhundert spitzte sich ein Streit zwischen den Dorfbewohnern und der Familie von Speth derart zu, dass Württemberg eingriff und Ehestetten durch einen Vogt verwalten ließ.

Die Kirche St. Nikolaus wurde mehrfach umgebaut und besitzt Wandmalereien aus dem 15. Jahrhundert. Sie dürfte auf die zwischen 1000 und 1100 entstandene Kapelle einer Burg zurückgehen: In diesem Teil des Dorfes hatten die Gundelfinger ihren Herrensitz, bevor sie 1364 Burg und Dorf verkauften.

Anstelle der Burg in der Ortsmitte ließen die Herren von Speth am östlichen Dorfrand ein Schloss erbauen. Ein Teil des heute privat genutzten und denkmalgerecht sanierten Wohngebäudes stammt aus dem späten 15. Jahrhundert, der zweite wurde rund hundert Jahre später angebaut. Andere Bereiche der eindrucksvollen Schlossanlage mit Tonnengewölben, Wall und Ringmauer sind noch älter.

Ein Symbol der frühen Ortsherren hat sich im größten Hayinger Stadtteil ebenfalls erhalten. Die Lilie schmückte jahrhundertelang das Ortswappen und gibt Ehestettens Dorfgemeinschaftshaus, dem »Haus der Lilie«, seinen Namen.

MÜNZDORF

Im Jahr 1904 wurde in Münzdorf die katholische Kirche St. Bernhard in neugotischem Stil aus rotem Backstein neu errichtet. Die alte Kapelle St. Bernhard wurde profaniert und von der örtlichen Molkereigenossenschaft übernommen. Beim Einbau neuer Fenster in der künftigen Molkerei wurden gotische Fresken aus dem frühen 14. Jahrhundert entdeckt – Kunstwerke, von deren Wert die Fachleute der königlich württembergischen Ämter damals leider nicht überzeugt waren. Die Bilder der Passion und des Jüngsten Gerichts verschwanden für Jahrzehnte unter Kacheln und Tünche, bis sie 1960 dann doch noch geborgen wurden. Erstaunlicherweise hatten sie unter der robusten Nutzung wenig gelitten: Der Kaseingehalt der Milchdämpfe soll sogar zu ihrer Konservierung beigetragen haben, indem er die Kalktünche härtete. Diese kostbaren Überreste der dörflichen Baugeschichte sind heute nicht mehr in Münzdorf, sondern im Stadtmuseum Münsingen zu sehen.

Ein immaterielles Kulturgut wird im Dorf bis heute sorgfältig gepflegt: die Köhlerei, einstmals ein wichtiger Wirtschaftszweig in den waldreichen Albdörfern. Auf Münzdorfs Kohlplatte qualmt noch zweimal im Jahr der Meiler. Er muss dann bei Tag und bei Nacht überwacht werden. Die Köhlerfamilie Geiselhart sorgt bereits in sechster Generation dafür, dass das traditionsreiche Handwerk nicht ausstirbt und weiterhin Holzkohle produziert wird. Inzwischen nicht mehr für die Eisenverhüttung oder für Schmiedearbeiten, sondern vor allem als Brennstoff für die lokale Gastronomie.

INDELHAUSEN

Das malerische Rathaus am Wasser, ein stattlicher Fachwerkbau, stammt aus dem frühen 16. Jahrhundert. Womöglich war es ursprünglich eine Mühle – denn die Nutzung der Wasserkraft war der einträglichste Erwerbszweig im frühen Indelhausen, dem Burgflecken der nahen Maisenburg. Die heutige Mühle, einige Meter lauterabwärts, wurde 1937 gebaut. 1960 kam der große Getreidesilo dazu. Die Genossenschaftsmühle hatte 600 eingeschriebene Mitglieder. Geschäftsführer war von 1919 bis 1969 der langjährige CDU-Landtagsabgeordnete und »König vom Lautertal« Tiberius Fundel.

Das Leben in der Tallage war karg, die Höfe waren winzig. Nischenprodukte wie Weinbergschnecken, die die Lautertalbauern in ihren Schneckengärten zogen, hatten große wirtschaftliche Bedeutung. Zu Tausenden wurden die Schnecken im Winterhalbjahr – in ihren fest verschlossenen Häuschen natürlich konserviert – in Fässer gepackt und über Land oder auf der Donau verschickt, bis nach Paris oder Wien. Als Fastenspeise waren die Weinbergschnecken nicht zuletzt in den Klöstern sehr begehrt. So lukrativ war der Handel, dass im frühen 18. Jahrhundert ein Streit über das Schneckensammeln entbrannte. Seit 1726 regelte eine »Indelhauser Verordnung«, zu welchen Zeiten das »Klauben« der eingehausten Tiere erlaubt war.

Heute zieht ein anderes Manufakturprodukt viele Touristen magisch an: das Lautertaleis. Es wird mit frischen Zutaten aus der Region ohne künstliche Zusatzstoffe in Handarbeit hergestellt.

ANHAUSEN

Anhausen, das Dorf im hintersten Winkel des Lautertals, hat viele Jahrhunderte lang mit der Schülzburg gelebt. Seit 1464 ist die Burg im Besitz des Adelsgeschlechts von Speth. Anders als die übrigen Lautertalburgen, die bereits vor mehreren hundert Jahren aufgegeben oder zerstört wurden, blieb die Schülzburg bis in die Neuzeit bewohnt. Die ursprüngliche Festung aus dem 12. Jahrhundert war ums Jahr 1600 sogar noch um einen vierstöckigen Neubau erweitert worden: ein Renaissanceschloss, das einigen Komfort bot. So war es bis in die oberen Stockwerke mit aus der Lauter hochgepumptem Wasser versorgt. 1763 wurde unterhalb des Schlosses ein Amtshaus gebaut, zur Verwaltung des Familienbesitzes. Aber 1884 brach in der Schülzburg ein Feuer aus. Die Ursache des Brandes blieb ungeklärt, Burg und Schloss wurden zur Ruine.

Für Urlauber, die Ruhe und Natur lieben, ist das idyllisch gelegene Anhausen ein idealer Ausgangspunkt für Ausflüge. Der Wanderparkplatz Anhausen liegt hinter den letzten Häusern, er ist der Startpunkt ins autofreie untere Lautertal. Hier führt der Lautertalradweg weiter bis zur Mündung in die Donau und nach Obermarchtal und Zwiefalten. Über dem Parkplatz, zu Fuß ganz leicht zu erreichen, thront die imposante Ruine Maisenburg, eine beliebte Fotokulisse bei Hochzeiten. Von der Ruine Wartstein weiter südlich hat man einen sehr schönen Blick auf das Lautertal. Nicht von ungefähr heißt das Dorfgemeinschaftshaus von Anhausen »Rubin im Tal«.

ZWIEFALTEN

Die südlichste Kreisgemeinde zeigt mit ihrer Lage und Prägung bereits in Richtung Oberschwaben. Kommt man von der Alb hinunter ins Tal, beeindruckt der Anblick jedesmal – heute wie früher.

Eine Siedlung wurde bereits im Jahr 904 erwähnt. Im Jahr 1089 stifteten die Grafen Kuno und Liutold von Achalm das Benediktinerkloster Zwiefalten. 1750 erlangte das Kloster die Reichsstandschaft. Die zugehörigen Wirtschaftsbetriebe gediehen: Getreidemühlen, Säge, Hammermühle, Ziegelhütte und Brauerei. Letztere mit ihrer über 500-jährigen Tradition ist heute noch eine wichtige Arbeitgeberin.

In der zweiten Hälfte des 17. Jahrhunderts setzte sich die Bautätigkeit im Kloster rege fort. So wurde ab 1668 das Konventsgebäude neu errichtet, auch ein Schulgebäude. Dem folgten das sogenannte Peterstor, heute Museum, und der Kapitelsaal, der seit 1814 als evangelische Kirche genutzt wird.

Im Mittelpunkt steht das Münster Unserer Lieben Frau, das in der Mitte des 18. Jahrhunderts neu erbaut und in verschwenderischer Pracht ausgeschmückt wurde, der wohl bedeutendste Bau des süddeutschen Spätbarocks und Rokokos. 1765 wurde das neue Gotteshaus geweiht. Der Auftraggeber und kunstsinnige Abt Benedikt Mauz verstarb wenige Monate vorher. Was die Künstler, genannt seien der Baumeister Johann Michael Fischer, der Maler Franz Josef Spiegler oder der Stuckateur Johann Michael Feichtmayr, hier geschaffen haben, beeindruckt jedesmal aufs Neue.

Das Jahr 1802 brachte einschneidende Veränderungen, das Kloster wurde aufgehoben und Württemberg einverleibt. Damit hörte ein kleines Reich mit 27 Orten, gut 4600 Einwoh-

nern auf etwa 221 Quadratkilometern auf zu existieren. Die letzten Mönche mussten ausziehen. Kunst- und Wertgegenstände wurden mitgenommen, die Klosterbibliothek aufgelöst. Die Orgel der Klosterkirche wurde nach Stuttgart geschafft.

Zwischen 1803 und 1810 war Zwiefalten Sitz eines württembergischen Oberamts. Die Gemeinde erlangte dagegen erst 1832 ihre Selbständigkeit.

Die Konventsgebäude wurden ab 1812 als Heil- und Pflegeanstalt umgenutzt. 46 Insassen des »Tollhauses« Ludwigsburg zogen in die früheren Mönchszellen ein. Im Spannungsfeld zwischen Bewahrort und Heilanstalt nahm die Einrichtung ihren Weg. Den Tiefpunkt erreichte sie dabei in der Zeit des Nationalsozialismus. Zwiefalten wurde Sammelstation, von wo aus im Jahr 1940 Hunderte nach Grafeneck gebracht und dort ermordet wurden. Bis zum Kriegsende 1945 starben in der »Pflegeanstalt« selbst etwa 1500 Menschen.

Mit der Ansiedlung der Münsterklinik, bis 1899 Heil- und Pflegeanstalt, ab 1953 Psychiatrisches Landeskrankenhaus, seit 1996 Zentrum für Psychiatrie, kamen auch Wandel und Wachstum nach Zwiefalten. Heute bietet die Klinik ein differenziertes Angebot für akut oder chronisch kranke Menschen. Der Ort selbst ist ein Kleinzentrum mit einer einladenden Ortsmitte und einem reichhaltigen Kulturleben.

ZWIEFALTEN

SONDERBUCH

Inzwischen schlägt die Höchstspannungsleitung Reutlingen–Herbertingen einen Bogen um Sonderbuch – die Trassenverlegung war ein Erfolg der Dorfgemeinschaft. Das Luftbild zeigt aber auch die außergewöhnlich hohe Zahl von Photovoltaikanlagen auf den Gebäuden in Südhanglage, weshalb der Ort als »Solarstrom-Testlabor« ausgewählt wurde.

Die Loretto-Kapelle, 1671 erbaut nach einem Vorbild in der mittelitalienischen Stadt Loretto, war früher ein Wallfahrtsort. Heute ist darin der Laden des gleichnamigen Ziegenhofs untergebracht. Die dazugehörige Gartenwirtschaft ist ein sehr beliebtes Ausflugsziel.

GOSSENZUGEN

Gossenzugen lag schon immer in Sichtweite und im Einflussbereich von Zwiefalten. Viele Männer arbeiteten für das Kloster. Die Papiermühle in Gossenzugen hatte im 18. und 19. Jahrhundert überregionale Bedeutung. Mit der Kapelle St. Magnus haben Zwiefaltens Benediktinermönche Gossenzugen auch ein kleines Juwel hinterlassen. Sie wurde wie das Münster vom Baumeister Johann Michael Fischer, vom Kunstmaler Franz Joseph Spiegler und vom Stuckateur Johann Michael Feichtmayr gebaut und ausgestattet.

GAUINGEN

Er ziert die Fassaden von Museen und Verwaltungsgebäuden in ganz Deutschland, und schon im Münster Zwiefalten wurde er verbaut: der helle Travertin, der im Gauinger Steinbruch gewonnen wird. Botaniker und Steinbildhauer schätzen diesen ganz besonderen Ort. Im Kalkstein sind Teile von abgestorbenen Tieren und Pflanzen eingeschlossen und sichtbar. Die beeindruckende Produktionshalle aus den 1930er Jahren wird nur noch als Lager genutzt. Die Kapelle St. Wendelin von 1688 hat einen Altar aus Gauinger Travertin.

Mit seiner Lage an der Bundesstraße 312 hat Gauingen nicht nur Einwohner gewonnen, sondern auch ein kleines Industriegebiet.

HOCHBERG

Hochberg ist so überschaubar, dass wie in Upflamör und Mörsingen auf Straßennamen verzichtet werden kann und die Häuser einfach durchnummeriert werden. Aber im 19. Jahrhundert waren hier verschiedene Handwerksbetriebe angesiedelt. Ab 1412 bis zu seiner Aufhebung übte das Kloster Zwiefalten die Grundherrschaft aus. Am Südrand vor dem Dorf findet sich die kleine, mit einem Zwiebeltürmchen geschmückte St.-Josephs-Kapelle aus dem 17. Jahrhundert.

UPFLAMÖR

Seiner Höhenlage hat das Dorf Upflamör allerhand zu verdanken: die Nachbarschaft zu einer bedeutenden Wehrsiedlung der Keltenzeit, der Großen Heuneburg, seinen ungewöhnlichen Namen, der sich wahlweise von Oberpflummern oder von »Über dem Nebel« herleitet – und sein nicht eben dekoratives, aber markantes Wahrzeichen, den Wasserturm. Vielleicht hat die Insellage auch dazu beigetragen, dass die Einwohner in Upflamör eng zusammenhalten, was sie beim Ausbau ihres Rathauses zum Dorfgemeinschaftshaus gezeigt haben.

MÖRSINGEN

Mörsingen ist dreigeteilt: Unter-, Mittel- und Oberdorf sind deutlich voneinander abgesetzt, ganz oben thront die Anfang des 17. Jahrhunderts neu gebaute Kirche St. Gallus. Die Pfarrei ist seit 1817 eigenständig und versorgt auch Upflamör. Auch das Unterdorf hat mit dem Stufentrogbrunnen sein kleines Wahrzeichen. Der Ort ist umgeben von Wald, er liegt am Rande des Tautschbuchs, der sich bis nach Riedlingen erstreckt. Wichtigste Institution ist die als Verein organisierte Dorfgemeinschaft mit mehr als achtzig Mitgliedern.

BAACH MIT ATTENHÖFEN

Baach, der größte Teilort von Zwiefalten, hatte im Mittelalter eine eigene Herrschaft und eine Burg, die 1188 erstmals urkundlich nachweisbar ist. Im 15. Jahrhundert wurde die Burg zerstört, heute sind nur noch ein Wall und ein Graben vorhanden. Der Ort war immer eng mit dem nahen Kloster Zwiefalten verbunden. Hier ließen die Benediktinermönche eine dem heiligen Stephanus geweihte Kapelle bauen. An der Holzdecke befinden sich bemalte Kassettenfelder mit Heiligen, Engeln und Szenen aus der Passion.

Ein Armenhaus des Klosters entstand Anfang des 17. Jahrhunderts in Baach. Es wurde sorgfältig saniert und wird heute touristisch genutzt: Die »Radlerherberge« an der Aach bietet Zimmer und eine Ferienwohnung. Die Zehntscheuer im oberen Teil des Dorfes konnte trotz jahrelanger Bemühungen leider nicht gerettet werden.

Baach wurde bereits 1938 nach Zwiefalten eingemeindet. Ein wunderschöner Brunnen mit einer doppelseitigen Madonnenfigur steht in der Mitte des Dorfes: Wer aus der Richtung der Bundesstraße kommt, sieht Maria als Jungfrau mit dem Kind; wer sich von Sonderbuch aus nähert, erblickt das Gesicht der leidgeprüften Mutter Gottes. Der Brunnen wurde neu restauriert, die Farben aufgefrischt.

Im Weiler Attenhöfen im südlichsten Zipfel des Landkreises Reutlingen gab es vier Bauernhöfe vor zweihundert Jahren, vier Bauernhöfe sind es noch heute. Lediglich die kleine St.-Anna-Kapelle kam hinzu, sie wurde 1906 von den Einwohnern erbaut. Zur Ausstattung gehört eine barocke Altarfigur der Anna Selbdritt.

PFRONSTETTEN

»Das bestgebaute Dorf im ganzen Oberamte« mit sehr ansehnlichen Häusern, dazu auch noch eines der wohlhabendsten – so lobt die Oberamtsbeschreibung von 1825 das »rundum frey, wie auf einer Halbkugel« liegende Pfronstetten. Diese Solidität ist den stattlichen Bauernhäusern an der Pfronstetter Ortsdurchfahrt noch immer anzusehen. Der Ortsname »Prunstetin« taucht 1090 erstmals auf – das bedeutet: eine Siedlung mit Pflaumenbäumen. Im Jahr 1121 hatte Pfronstetten bereits eine Kirche.

Die heutige katholische Kirche St. Nikolaus wurde im frühen 18. Jahrhundert errichtet, wobei der mittelalterliche Kirchturm des Vorgängerbaus stehenblieb. Pfronstetten, heute der mit Abstand größte Ort der Gesamtgemeinde, war jahrhundertelang Filial des Nachbardorfs Tigerfeld. Erst 1848 wurde St. Nikolaus zur Pfarrgemeinde. Heute ist die Kirche mit ihrem ummauerten Kirchhof samt Lourdesgrotte das Zentrum einer großen Kirchengemeinde in der Seelsorgeeinheit Zwiefalter Alb.

Pfronstetten wurde auch immer mehr zum Zentralort der künftigen Gesamtgemeinde. Hier entstand die für die benachbarten Dörfer zuständige Schule, hier entstand der Kindergarten, bereits in den 1930er Jahren von den im Ort tätigen Schönstatt-Marienschwestern ins Leben gerufen. Hier steht im Winkel zwischen Hauptstraße und Hülengasse auch das Rathaus, das vor wenigen Jahren saniert worden ist.

Pfronstetten setzt auf Photovoltaik: Hier wird heute schon mehr Sonnenenergie und Energie aus Biomasse hergestellt, als verbraucht wird.

TIGERFELD

Mit Tigern hat der Ortsname nichts zu tun. »Tegar« heißt auf Althochdeutsch groß oder umfangreich und beschreibt die Ausdehnung der Felder des Dorfes, das 1089 mit der Stiftung des Klosters Zwiefalten erstmals erwähnt wurde. Die Nähe zum Kloster spiegelt sich in der katholischen Pfarrkirche St. Stephanus wider, die in der heutigen Form um 1700 entstand. Der Vorarlberger Barockbaumeister Franz Beer soll sie geplant haben. Repräsentativ auch das benachbarte Pfarrhaus aus dem Jahr 1737 mit seiner Stuckdecke: Es trägt das Wappen des Zwiefalter »Bau-Abts« Augustin Stegmüller und hat zeitweise auch als Sommerresidenz der Klosterherren gedient.

Eine Gedenktafel an der Mauer des Pfarrhausgartens sorgte unter Geschichtswissenschaftlern für Diskussionen. Sie erinnert an die »Schlacht bei Tigerfeld«, in der am 2. April 1525 Soldaten des Truchsessen von Waldburg ein schwäbisches Bauernheer ausgelöscht haben sollen. Ein kleineres Gefecht hat es hier mutmaßlich gegeben, so der aktuelle Forschungsstand. Die große Schlacht gehört allerdings ins Reich der Legende.

An der Markungsgrenze nach Kettenacker stand bis 1819 die Sattlerkapelle. Die sehr wertvolle Pietà findet man heute auf dem Hochaltar der Pfarrkirche St. Nikolaus in Pfronstetten, den Rokokoaltar in St. Michael in Aichstetten. Die Kapelle wurde im Rahmen der Säkularisation abgebrochen. 1994 wurde sie wieder aufgebaut. Jedes Jahr findet Anfang September eine Radlersternwallfahrt statt.

AICHELAU

Im Freilichtmuseum Beuren ist ein altes Bauernhaus aus Aichelau zu sehen. Im Innern ist die 500-jährige Geschichte des Hauses dokumentiert. In der Gegenwart ist Aichelau Sitz einer ganz besonderen Firma: der Paravan GmbH. Sie ist Weltmarktführer für den behindertengerechten Umbau von Fahrzeugen.

Franz Xaver Arnold (1898–1969), Professor für Pastoraltheologie in Tübingen, wurde in Aichelau geboren. Bei seiner Beerdigung hielt der damalige Tübinger Ordinarius für Dogmatik, Josef Ratzinger, der spätere Papst Benedikt XVI., die Grabrede in Aichelau.

AICHSTETTEN

Aichstetten, die »Siedlung am Eichenwald«, ist der kleinste Pfronstetter Ortsteil. 1514 wurde das Dorf an das Kloster Zwiefalten verkauft, kirchlich gehörte es immer zu Tigerfeld. In der modernen Kirche am Ortsausgang Richtung Pfronstetten steht jetzt der Rokokoaltar aus der Sattlerkapelle, einer beliebten Wallfahrtskapelle im Wald bei Tigerfeld, die 1819 abgerissen wurde.

Auf dem Wanderparkplatz Lehr zwischen Aichelau und Aichstetten beginnt der beliebte PhänoPfad Pfronstetten: Hier werden Kindern naturwissenschaftliche Phänomene in Experimenten erklärt.

HULDSTETTEN

Huldstetten gehört zum ältesten Klosterbesitz auf der Zwiefalter Alb. 1141 wurde bereits eine Kapelle dem heiligen Nikolaus geweiht. Die heutige katholische Pfarrkirche St. Nikolaus und Agatha wurde 1843 in schnörkellosem neoromanischem Stil auf Staatskosten erbaut. Huldstetten war erst ab 1829 selbstständige Kirchengemeinde. Am Bau des Pfarrhauses beteiligte sich der Nachbarort Geisingen. Seit 30 Jahren kann man beim Erntedankfest einen prächtig geschmückten Altar bestaunen.

GEISINGEN

Dem heiligen Erhard ist die kleine barocke Kapelle gewidmet, die in Geisingen dicht an der Ortsdurchfahrt steht. Sie wurde im Jahr 1714 gebaut, die spätgotischen Figuren, die die Kirche schmücken, stammen aus dem 15. Jahrhundert. Bis zur Säkularisation gehörte Geisingen vierhundert Jahre lang zur Herrschaft des Klosters Zwiefalten, dann einige Zeit zu Württemberg. In der Waldflur Zeil liegt die mittelalterliche Turmhügelburg »Schloßburren«, die wohl bis ins 11. Jahrhundert zurückreicht.

TROCHTELFINGEN

Auf der Haid war die Grenze. Wer die Haidkapelle passierte, der betrat im 19. Jahrhundert Hohenzollerische Lande, preußisches Gebiet. Im Vergleich zur württembergischen Nachbarschaft hat Trochtelfingens Geschichte immer wieder überraschende Wendungen genommen – etwas davon ist im Selbstbewusstsein und Selbstverständnis des »Städtle« heute noch zu spüren.

Die katholische Kirche St. Martin, Schloss, Hoher Turm: Dieser Dreiklang bestimmt Trochtelfingens Kulisse seit Jahrhunderten. Mit den Grafen von Werdenberg, die das im 13. Jahrhundert zur Stadt erhobene Trochtelfingen zu ihrer Residenz machten, erlangte der Ort Blüte und Bedeutung. Die Trochtelfinger Werdenberger ließen in verschiedenen Etappen die Pfarrkirche vergrößern, stifteten Kapellen, ließen Ende des 15. Jahrhunderts das Schloss und in der Folge die heute immer noch in Teilen vorhandene äußere Stadtbefestigung ausbauen. Trochtelfingen hatte Kunstschätze, ein eigenes Maß, eine eigene Währung – war eine kleine, aber vollwertige Residenz.

Einiges von ihrer Bedeutung konnte die Stadt behalten, nachdem der letzte männliche Werdenberger der Trochtelfinger Linie gestorben und sein Besitz mit der Hochzeit seiner Erbin an die Grafen und späteren Fürsten von Fürstenberg übergegangen war. Für die neuen Herren residierte ein Obervogt im Schloss. Trochtelfingen hatte seine eigene Gerichtsbarkeit, eine Scharfrichter-Familie, die außerhalb der Stadtmauern wohnen musste, war viel besuchter Marktort und hatte zahlreiche Handwerker, die sich in Zünften organisierten. Die Seckach trieb verschiedene Getreidemühlen in und vor der Stadt sowie Öl-, Walk- und Pulvermühlen an. Als 1726 ein verheerender Brand 52 Gebäude zerstörte, baute

die fürstenbergische Herrschaft Rathaus und Fruchtkasten neu und erließ eine Feuerordnung. Viele der stattlichen Fachwerkhäuser Trochtelfingens gehen auf die Zeit nach dem Stadtbrand zurück.

1806 verlor das Fürstentum Fürstenberg seine Reichsunmittelbarkeit. Die Herrschaft Trochtelfingen kam zum Fürstentum Hohenzollern-Sigmaringen. Immerhin blieb die Stadt Obervogtei und Marktort und wurde von 1851 bis 1861 preußisches Oberamt. Doch der Niedergang war nicht aufzuhalten. 1883 wurde der Ort zur Landgemeinde herabgestuft – ein Schritt, der erst im Jahr 1951 wieder rückgängig gemacht wurde.

Seit 1945 hat sich die Einwohnerzahl Trochtelfingens verdoppelt. Ungefähr die Hälfte lebt in der Kernstadt selbst. Mit den Menschen kamen Infrastruktur, der Ausbau des Schulzentrums und die Mehrzweckhalle, die nach den früheren Stadtherren, den Werdenbergern, benannt sind. Die ausgebaute Bundesstraße führt seit 1959 an Trochtelfingen vorbei und bietet einen schnellen, aber schönen Blick auf die Stadtkulisse mit Kirche, Schloss und Wehrturm.

Im Lauf der Zeit wurde immer mehr Fachwerk freigelegt. In den späten 1970er Jahren wurde die Altstadt unter Denkmalschutz gestellt und die Stadtsanierung in Angriff genommen. Zwischen Schloss und Seckach zeigen sich jetzt auf Schritt und Tritt malerische Fassaden. Und vor der Fachwerk-Kulisse von Marktstraße und Rathausplatz fällt es den »Städtlemern« nicht schwer, bei Festen und Märkten an ihre reiche Tradition anzuknüpfen. Zum Beispiel, wenn die historische Bürgerwehr aufmarschiert.

STEINHILBEN

Der feuerspeiende Drache auf dem Ortswappen Steinhilbens ist ein Gruß aus ferner Ritterzeit: Er war das Wappentier des Niederadelsgeschlechts von Steinhilben, das – daher der Drache – von den Herren von Wurmlingen abstammte. Die Märhelds, Dietrichs und Gerlochs von Steinhilben trugen aber auch Beinamen wie Hülwer oder Pfützer: Schließlich stand ihre Stammburg, ihr »Steinhaus«, im Dorf der Hülen. Mindestens sechs davon gab's im rund achthundert Meter hoch gelegenen Ort.

Dieses »Steinhaus« der Steinhilbener kauften im 15. Jahrhundert die Grafen von Württemberg, obwohl der Ort wie das nahe Trochtelfingen zuerst den Grafen von Werdenberg, dann den Fürstenbergern gehörte. Die Burg wurde Jagdhaus. Nebenan bauten die Württemberger später ein repräsentatives Forstamt zur Verwaltung des Zwiefalter Waldes – »Schloss« wurde das herrschaftliche Gebäude genannt. Mitten im katholischen Steinhilben gab es auf diese Weise eine kleine Enklave, in der zur Empörung der Fürstenberger evangelisch gepredigt wurde. An die Burg und das prächtige Forsthaus erinnert heute wenig mehr als der Name eines Gässchens: »Im Schloss«.

Heiligenfiguren – in Nischen platziert – schmücken die Fassaden der oft stattlichen Bauernhöfe des 18. und 19. Jahrhunderts. Die Kirche St. Pankratius wurde 1699 gebaut.

Der Augstbergturm, Ausflugsziel und Wahrzeichen im Süden des Dorfes, steht auf Trochtelfingens höchstem Punkt.

WILSINGEN

Trotz seiner überschaubaren Größe bietet Wilsingen ein reges Vereinsleben mit eigenem Dorfgemeinschaftshaus. Seit 1976 organisiert der Musikverein, der gerade hundert Jahre alt geworden ist, die »Sichelhenke«, eine Großveranstaltung in bäuerlicher Erntefest-Tradition, zu der die Einwohner alle zwei Jahre eine sehr große Zahl an Besuchern begrüßen.

Wilsingen, das ehemals zu Zwiefalten gehörende Klosterdorf, war und ist stark landwirtschaftlich geprägt. Mit Chor und Turm besitzt die Kirche St. Georg noch Elemente aus gotischer Zeit, ihr heutiges Innenbild geht auf eine Umgestaltung aus dem 18. Jahrhundert zurück. Um die Kirche herum hat sich das Straßendorf entwickelt. Seit der Aufhebung des Klosters Zwiefalten gehörte Wilsingen zu Württemberg. 1810 wurde es dem Oberamt Münsingen zugeordnet. Kirchlich gehört es heute zur Seelsorgeeinheit »Zwiefalter Alb«. Bei der Kommunalreform in den 1970er Jahre wählte das Dorf die Eingemeindung nach Trochtelfingen.

Dorthin gab es historische Verbindungen. Mehrere Jahrhunderte lang wurden die Wilsinger Katholiken vom rund sieben Kilometer entfernten Trochtelfingen aus betreut. Dort bestatteten sie auch ihre Toten. Erst Anfang des 19. Jahrhunderts bekam Wilsingen seinen eigenen Pfarrer. Mit dem Bau eines Pfarrhauses begann die Gemeinde wenige Jahre später. Am Ortsausgang in Richtung Steinhilben steht die Wendelinuskapelle, ausgestattet mit Heiligenfiguren aus dem 18. Jahrhundert. Die Kapelle selbst ist älter.

HAUSEN

Dass das Dorf Hausen an der Lauchert bereits im 7. und 8. Jahrhundert besiedelt war, beweisen Gräber aus der Merowingerzeit. Der Ort war – wie auch Mägerkingen – bereits seit 1454 württembergisch. 1534 wurde die Reformation eingeführt. Als erster der heutigen Stadtteile schloss sich Hausen 1972 der Stadt Trochtelfingen an.

Markantestes Gebäude des Dorfs ist die evangelische St.-Gallus-Kirche, sie ist im Kern romanisch und hat einen Chorturm. Im 18. Jahrhundert wurde sie barockisiert und umgebaut. Malerisch thront sie auf einer Kuppe über der Durchgangsstraße. Schon 1275 wurden Kirche und Pfarrei in Urkunden zum ersten Mal genannt. Ihren Namen verdankt Hausens Kirche dem Kloster St. Gallen, das hier zeitweise das Patronatsrecht innehatte.

Die mehrere hundert Jahre alte Guken- oder Lauchertmühle an der Straße nach Hörschwag, eine Getreidemühle, hat ihren Betrieb 1972 eingestellt. Früher gab es auch eine kleine Tabakfabrik. Schräg unterhalb der Kirche an der Hauptstraße liegt das schöne Fachwerkrathaus mit seinem Glockentürmchen, das gleichzeitig auch Backhaus war. Im Juni 2013, als es im Osten und Süden Deutschlands, besonders in Passau und Dresden, nach tagelangen Regenfällen zu extremem Hochwasser kam, trat auch die Lauchert über die Ufer und zog das Rathaus in Mitleidenschaft.

In Hausen gibt es einen Skilift und eine 1,8 Kilometer lange Piste, die im Sommer von vielen Gleitschirmfliegern genutzt wird.

MÄGERKINGEN

Ein paar Gassen links und rechts der Seckach: Das Mägerkingen früherer Jahre war kompakt. Um die 1777 gebaute evangelische Kirche St. Blasius und das Rathaus mit seinem Glockentürmchen scharten sich die Häuser des württembergischen Dorfs, dessen Wirtschaft von der Wasserkraft profitierte. Die Seckach trieb hier Getreide-, Öl-, Gips- und Sägemühlen an. Auch die württembergische Herrschaft investierte und ließ unter anderem ein Pfarrhaus und eine Zehntscheuer bauen.

Im 19. Jahrhundert erlebte Mägerkingen einen richtigen Boom. Die Einwohnerzahl verdoppelte sich, verschiedene Gewerbebetriebe – darunter eine Ziegelei und eine Baumwollweberei – siedelten sich an, und auch ein für das ländliche Dorf eher exotischer Teil der damals bedeutenden Textilindustrie: eine Zweigniederlassung der Stuttgarter Korsettfabrik Ottenheimer, die 1871 eröffnet wurde. Die jüdische Unternehmerfamilie produzierte in zahlreichen Filialen straff formende Wäsche nicht nur für den heimischen Markt, sondern auch für US-amerikanische Wespentaillen.

Mit der Bevölkerungszunahme der Nachkriegszeit wuchs Mägerkingen vom Tal immer weiter auf die Höhe – eine Entwicklung, die andauert. 1964 wurde am Berg die Theodor-Heuss-Schule gebaut. Und das Dorf verdankt der »Alb-Programm« genannten Strukturförderung in den 1970er Jahren eine Besucherattraktion, die im Landkreis Seltenheitswert hat: den als Erholungsgebiet künstlich angelegten Lauchertsee. Nach einer Erneuerung vor wenigen Jahren ist das Ausflugsziel attraktiver denn je.

BILDNACHWEIS (ALTE FOTOGRAFIEN)

Brugger, Albrecht (Hülben)
© Landesmedienzentrum Baden-Württemberg / Albrecht Brugger

Bad Urach-Hengen 1967, LMZ825384, S. 77
Bad Urach-Wittlingen 1967, Nr. 2/25385, S. 79
Hayingen-Ehestetten 1969, Nr. 2/28158, S. 138
Hayingen-Münzdorf 1970, Nr. 2/29761, S. 139
Hohenstein-Eglingen 1969, Nr. 2/28157, S. 112
Hohenstein-Meidelstetten 1969, Nr. 2/28153, S. 109
Hohenstein-Ödenwaldstetten 1969, Nr. 2/28156, S. 111
Pfronstetten 1969, Nr. 2/28161, S. 150
Pliezhausen-Dörnach 1956, LMZ801827, S. 19
St. Johann-Gächingen 1970, Nr. 2/30462, S. 92

Burgemeister, Albert (Pfullingen)
Fotofachgeschäft Burgemeister, Pfullingen

Pfullingen um 1955, S. 50

Dohm, Alfred (Reutlingen)
Stadtarchiv Reutlingen

Pfullingen 1954, S 103 Nr. 1851, S. 47
Reutlingen – Bruderhaus 1954, S 105/5 L Nr. 14, S. 26
Reutlingen Stadtansicht um 1952, S 105/5 PK Nr. 577, S. 23
Reutlingen-Sondelfingen 1954, S 105/5 L Nr. 135, S. 37

Elsäßer, Siegfried (Stuttgart)
FOTOFLUG.de, Michael Mehner-Amm (Stuttgarter Luftbild Elsässer), Schwelm

Grabenstetten ca. 1970, Nr. 5046/9/002478, S. 83
Hayingen-Indelhausen ca. 1965, Nr. 3291/9/1908, S. 140
Münsingen-Bremelau vor 1972, Nr. 3619/9/2081, S. 127
Münsingen-Rietheim 1986, Nr. 4013/9/2166, S. 113

Grohe, Manfred (Kirchentellinsfurt) Luftbild

Engstingen-Kohlstetten 1999, S. 93
Reutlingen-Reicheneck 2002, S. 33
St. Johann-Ohnastetten 2003, S. 90

Moser, Hugo (Kornwestheim)
Uwe Moser Luftbildarchiv Kornwestheim

Bad Urach 1961, Nr. 01330, S. 73
Grafenberg 1962, Nr. 02107, S. 59
Hayingen 1961, Nr. 01321, S. 135
Hayingen 1962, Nr. 02128, S. 134
Hohenstein-Bernloch 1962, Nr. 02133, S. 108
Metzingen 1962, Nr. 02092, S. 65
Pfullingen 1962, Nr. 02084, S. 51
Trochtelfingen 1958, Nr. 00157, S. 155
Zwiefalten 1961, Nr. 01326, S. 143
Zwiefalten-Baach 1961, Nr. 01323, S. 149

Näher, Carl (Reutlingen)
Stadtarchiv Reutlingen

Lichtenstein-Honau um 1935, S 105/4 Nr. 11053, S. 54

Strähle, Paul (Schorndorf)
© Strähle Luftbild, Schorndorf

Bad Urach 1938, Nr. 03130, S. 72
Bad Urach-Sirchingen 1938, Nr. 33903, S. 78
Dettingen 1934, Nr. 20670, S. 69
Dettingen 1938, Nr. 33918, S. 68
Engstingen-Großengstingen 1938, Nr. 32806, S. 94
Engstingen-Kleinengstingen 1930, Nr. 08885, S. 95
Eningen 1935, Nr. 24385, S. 42
Gomadingen 1934, Nr. 20682, S. 102
Gomadingen-Dapfen 1934, Nr. 20686, S. 104
Gutsbezirk Münsingen 1927, Nr. 05431, S. 123
Hohenstein-Oberstetten 1955, Nr. 8-1840, S. 110
Hülben 1937, Nr. 25419, S. 82
Lichtenstein-Holzelfingen 1936, Nr. 24384, S. 55
Mehrstetten 1938, Nr. 33898, S. 107
Metzingen 1937, Nr. 27935, S. 60
Metzingen 1937, Nr. 27936, S. 64
Metzingen-Glems 1935, Nr. 24388, S. 67
Metzingen-Neuhausen 1937, Nr. 27932, S. 66
Münsingen 1938, Nr. 33895, S. 114
Münsingen 1938, Nr. 33896, S. 115
Münsingen-Apfelstetten 1957, Nr. 8-6356, S. 128
Münsingen-Auingen 1938, Nr. 33893, S. 120
Münsingen-Böttingen 1927, Nr. 05432, S. 121
Münsingen-Buttenhausen 1931, Nr. 14222, S. 129
Münsingen-Dottingen 1931, Nr. 14208, S. 118
Münsingen-Gruorn 1933, Nr. 20307, S. 122
Münsingen-Magolsheim 1931, Nr. 11848, S. 126
Münsingen-Trailfingen 1938, Nr. 33897, S. 119
Pfronstetten-Tigerfeld 1938, Nr. 32812, S. 151
Pliezhausen 1955, Nr. 8-1293, S. 16
Pliezhausen-Gniebel 1931, Nr. 14458, S. 18
Pliezhausen-Rübgarten 1957, Nr. 8-5651, S. 17
Reutlingen Altstadt 1924, Nr. 02254, S. 22
Reutlingen Altstadt von Osten 1936, Nr. 25182, S. 27
Reutlingen Marktplatz 1938, Nr. 38663, S. 21
Reutlingen-Altenburg 1931, Nr. 14192, S. 30
Reutlingen-Betzingen 1931, Nr. 13431, S. 38
Reutlingen-Bronnweiler 1934, Nr. 20947, S. 40
Reutlingen-Degerschlacht 1931, Nr. 14194, S. 35
Reutlingen-Gönningen 1927, Nr. 05391, S. 41
Reutlingen-Mittelstadt 1939, Nr. 20661, S. 32
Reutlingen-Oferdingen 1929, Nr. 07390, S. 31
Reutlingen-Ohmenhausen 1934, Nr. 20948, S. 39
Reutlingen-Rommelsbach 1924, Nr. 02541, S. 36
Reutlingen-Sickenhausen 1930, Nr. 08870, S. 34
Riederich 1931, Nr. 14676, S. 58
Römerstein-Böhringen 1931, Nr. 14664, S. 86
Römerstein-Donnstetten 1937, Nr. 27909, S. 84
Römerstein-Zainingen 1923, Nr. 01318, S. 85
Sonnenbühl-Erpfingen 1938, Nr. 38648, S. 98
Sonnenbühl-Genkingen 1935, Nr. 24370, S. 96
Sonnenbühl-Undingen 1935, Nr. 24368, S. 97
St. Johann-Bleichstetten 1934, Nr. 20677, S. 88
St. Johann-Lonsingen 1934, Nr. 20679, S. 91
St. Johann-Upfingen 1931, Nr. 14206, S. 87
St. Johann-Würtingen 1934, Nr. 20678, S. 89
Trochtelfingen-Hausen 1938, Nr. 38645, S. 160
Trochtelfingen-Mägerkingen 1927, Nr. 05416, S. 161
Trochtelfingen-Steinhilben 1927, Nr. 05418, S. 158
Trochtelfingen-Wilsingen 1955, Nr. 8-1842, S. 159
Walddorfhäslach-Häslach 1956, Nr. 8-4302, S. 15
Walddorfhäslach-Walddorf 1928, Nr. 06536, S. 14
Wannweil 1931, Nr. 13432, S. 20
Zwiefalten 1926, Nr. 02761, S. 142

Verlag Gebrüder Metz GmbH & Co. (Tübingen)
Haus der Geschichte Baden-Württemberg, Sammlung Gebr. Metz

Bad Urach-Seeburg 1969, Nr. 276 952, S. 76
Eningen 1934, Nr. 165 332, S. 43
Gomadingen-Offenhausen 1956, Nr. 133 214, S. 103
Hayingen-Anhausen 1951, Nr. 80 581, S. 141
Lichtenstein-Unterhausen um 1955, Nr. 205 887, S. 53
Metzingen 1969, Nr. C 189 280, S. 61
Pfullingen 1935, Nr. 118 650, S. 46
Pfullingen 1936, Nr. 128 075, S. 52
Sonnenbühl-Willmandingen 1936, Nr. 127 842, S. 99
Trochtelfingen 1960, Nr. 251 026, S. 154

REGISTER

IMPRESSUM

HORST GUTH

ist Fotograf und Filmemacher, Inhaber der Firma www.cinecopter.de für Luftbild- und Flugfilmaufnahmen mit Multikoptern.

ALEXANDER GREINER

ist 3D-Artist, Fotograf und Webdesigner, Inhaber der Firma www.agcreations.de für 3D-Design, Luftbilder und Webdesign.

KARIN BURGER

hat Pädagogik, Germanistik und Politik an der Georg-August-Universität Göttingen studiert und arbeitet im Kreisarchiv Reutlingen.

In diesem Buch wird aus Gründen der besseren Lesbarkeit das generische Maskulinum verwendet. Weibliche und anderweitige Geschlechteridentitäten werden dabei ausdrücklich mitgemeint, soweit es für die Aussage erforderlich ist.

1. Auflage 2023

Umschlaggestaltung, Layout und Satz: Björn Locke, Herrenberg.

Neue Fotos: Horst Guth und Alexander Greiner, außerdem Manfred Grohe (S. 80/81, 105, 143).

Projektbegleitung: Matthias Bauer

Text: Kreisarchiv Reutlingen und Christine Dewald.

Für die Textprüfung danken wir den Stadtarchivaren Rolf Bidlingmaier, Roland Deigendesch und Stefan Spiller, für Textbearbeitung Carmen Anton, Annette Bidlingmaier, Karin Burger, Miriam Kroiher und Nicole Spiller vom Kreisarchiv Reutlingen.

Cover: Blick auf das Echaztal und Schloss Lichtenstein (altes Foto: ca. 1960, Haus der Geschichte Baden-Württemberg / Fotohaus Hildenbrand, Göppingen)

Umschlagrückseite: Dettingen 1938 (© Strähle Luftbild, Schorndorf) und 2022

S. 6/7: Reutlingen-Sondelfingen; S. 8: Pfullingen, Reutlingen und Eningen; S.12/13: Reutlingen; S. 56/57: Dettingen und Metzingen; S. 80/81: Albtrauf bei Bad Urach; S. 100/101: Gutsbezirk Münsingen; S. 132/133: Zwiefalten; S. 165: Reutlingen

Printed in Turkey by Elma Basim.

ISBN 978-3-8425-2400-2

Besuchen Sie uns im Internet und entdecken Sie die Vielfalt unseres Verlagsprogramms: **www.silberburg.de**